劉墉談親子教育的40堂課

斜槓教養，啟動孩子的多元力
直面網路世代的實戰與智慧

劉墉 著

目錄

目錄

讓每個孩子都

快樂成功地長大

第1堂

上個世紀九〇年代，我在做完一系列的公益演講之後，決定在臺北成立「青少年免費諮商中心」，這是因為演講時有很多人向我反應，他們有親子方面的嚴重問題，不好意思在公開場合提問，必須私下講。

通過簡單的申請手續，有問題的孩子可以由家長或老師帶來諮商中心，我除了跟孩子單獨談話，也會把老師或家長單獨請進諮商室，聽聽他們的想法。老師多半很客觀，那些家長可就不同了，他們往往一開口，就說：「劉老師救救我，我都要發瘋了！」問題是，這也常是他們孩子對我說的第一句話。

那些家長不是不愛孩子，他們的要求多半合理。孩子也都很有禮貌，不像父母形容得糟糕。只是父母付出得愈多，要求得愈多；犧牲得愈多，不平得愈多。結果是：愛得愈深，傷得愈深；因為以生命去愛，所以不惜拚上生命。

如同一個女孩對我說的：「我媽媽拿著刀，對準她自己的心臟，說她要死在我面前。我能不屈服嗎？如果我不愛她，她死了正好。問題是我愛她啊！我只能屈服。」

還有個女孩哭著對我說：「我媽動不動就說她後悔生了我，要我最好死在外面，別回來！她過去總說她愛我，怎麼突然又後悔生了我？她難道不愛我了嗎？」

更糟糕的是有些父母的「毒舌」還帶著侮辱，譬如講：「你這麼胖，不遮一遮，好意思出去嗎？你好意思，我可不好意思跟你一起走。」尤其是當一個身材苗條的媽媽，對女兒這麼說的時候，似乎顯示她在跟女兒比美。難道她是以鄙視女兒，來彰顯自己？孩子是她生的、是她的孩子，不是她的敵人。當全世界都否定她孩子的時候，肯定孩子的應該是她啊！

更普遍的是拿別家的孩子貶抑自己的孩子，說人家的成績多好，自己的孩子多爛，害得自己出門都抬不起頭了。父母比來比去已經傷了孩子的自尊，說父母不敢抬頭，更傷孩子的心，因為那顯示父母最在乎的不是孩子，而是他們自己的面子。

從事教育諮商幾十年，我仍然不解，為什麼相愛的人總是彼此折磨？多少一等一的創意，硬是被「自作聰明」的父母糟蹋了。多少好幼苗，硬是被想要「贏在起跑點」的父母傷害了？父母要孩子贏，是為孩子，還是為自己的虛榮？為什麼應該無怨無悔的愛，會落得如此不堪？是因為日子太難過，讓父母擔心孩子將來餓肚子？還是因為父母沒信心，硬要孩子證明自己的遺傳並不差？又或是因為這個世界太功利，大家比來比去，使得親子之間的愛，變了質？

我們小時候都唱過〈甜蜜的家庭〉，記憶中的童年應該是美好的，問題是，當孩子才上幼稚園，爸媽已經在打聽補習班，孩子無憂無慮的童年還能剩下多少？當社會的價值觀「只肯定」那幾所學校，擠不進去的孩子，就要被認為無望了嗎？

國家愈大、愈進步，門就應該打得愈開，窗就應該開得愈多。天下之大，何處不留人？人各有長，不必死心眼地朝一個地方鑽。父母只要了解孩子的長處，個個孩子都可以是天才；每個孩子朝著自己的長處去努力，個個都能走出一條自己的路。

從小到大，許多人讚美我是天才，他們明明知道我的功課常不及格，卻這麼說，是因為我在課外有不錯的表現。我常想，如果我母親沒有在聽說我有兩科要補考的時候，只是淡淡一笑說：「你暑假不會無聊了！」如果她沒有給我足夠的自由和空間，讓我自己搞自己的，我可能有今天嗎？

我確實沒有能力跟別人拚「英數理化」，但是除了英數理化，這個世界大得足夠我馳騁！

大概受了母親影響，我也給兒女很大的空間：

我的兒子當年哈佛研究所念一半，突然說要休學去阿拉斯加，我說：去啊！還帶著太太跟他妹妹陪他前往北極圈。我的女兒哥大畢業，一個人當背包族去歐洲旅行，再從華沙飛北京，連工作都沒找到，居然說要留在北京了，而且一待就是三年。

我確實不放心，但是我也知道：孩子大了，翅膀硬了，能飛，就讓他飛吧！而且就算給他準備行囊，也不能太重，免得壓垮他。

過去幾十年，我寫了很多勵志書，教年輕人積極向上，但是從我在臺北開青少年諮商中心，就一直想要為作父母的人寫一本書，不是教他們怎麼逼孩子成功，而是怎麼讓孩子健康快樂地長大。

去年我在「十點課堂」開了《劉墉談處世的四十堂課》，收到很多朋友的來信提問，居然多半問的不是處世，而是親子教育，其中有許多孩子剛進幼稚園，爸媽居然已經在操心未來的功課，這件事愈發堅定我開這個課的決心。

跟《劉墉談處世的四十堂課》一樣，這個談親子教育的課程也是四十堂。我會從孩子誕生之前說起，談父母應該怎麼配合寶寶的聽覺、視覺、觸覺和大腦的發育，做好早期教育；談慎重選擇寶寶看的電視節目、安撫卻不至於過度嬌寵孩子的原則；接著談學齡前孩子教育要注意的事情，讓孩子提前入學，會不會是讓他們贏在起跑點的好方法？音樂、美術和語文教育，對孩子的大腦開發有什麼幫助？哪些教養是從孩子早期就該培養的、教孩子說話有哪些需要特別注意的地方。

可能有些朋友問我為什麼花那麼多時間談教小寶寶，我的答案是因為學齡前的教育太重要了，從寶寶出生就不能馬虎。至於孩子已經大了的父母，認識早期教育也有幫助，那可能使你了解，原來孩子今天的問題，是早期教育偏差造成的。你可以因此更諒解孩子，並且尋求彌補的方法。

至於孩子正式入學之後，我會談該怎麼幫助孩子跟老師、同學溝通，基本的家庭教養、自我防護、懲處原則……對於更大的孩子，我會談青春期戀愛、性教育、課外活動，也會告訴大家我學生時代臨時抱佛腳、加強記憶的讀書方法。尤其重要的是我認為人各有才，每個孩子都跟別人不一樣，無論家長或老師，都不能把孩子硬往幾個模子裡塞。未來人們的壽命更長了，選擇更多了，不能再讓孩子用老一輩的人生規劃，也不能再用「嘴上無毛，辦事不牢」來看待「新新人類」。

我很幸運，二十三歲就有了兒子，兒子高中三年級，我又生了女兒；女兒大學畢業又有了孫女和孫子，加上我在美國大學教書，在中國各地教學，使我幾十年來既跟大孩子，也跟小寶寶接觸，讓我總能有親身的感觸。這些文章都是由我的感觸出發，裡面有我不吐不快的東西，也有我對生命的禮讚！裡面或許有很多心理學的理論，但是都變成我淺白的語言。謝謝我在哈佛學心理的兒子劉軒，和專攻特殊教育的內妹畢竹筠，他們都是我寫作教育心理時諮詢的對象。更謝謝廣大的博友，因為我在寫作前，常常做網上的民調，總能得到大家熱烈的迴響。

人生是美好的！我們來到這個世界，是來創造、來發揮、來享用、來延續，快快樂樂過一生，而不是打著成功發財的招牌，把別人踩在腳下，自己辛勞一輩子的。

每個孩子都能成功！每個孩子都該成功！只要你能肯定他、引領他、卻不干擾他，讓他發揮，他就能讓你刮目相看。

終於推出我一生從事教育的心得，希望大家喜歡。

第2堂

房東逼你搬家了

寶寶被生下的時候，會不會很緊張？

雖然大多數父母最焦慮的是青春期子女的教養和學業問題，但我還是決定從寶寶誕生談起，因為從孩子誕生的那一刻，就開始探索「新世界」、感受媽媽爸爸和周遭人的愛。他們起初雖然看不清，但是會追索照顧者的輪廓；他們出生時就能聽，尤其喜歡在肚子裡就熟悉的媽媽的聲音。

襁褓中的嬰兒絕對不是一無所知，而是心裡有數，你忽略他、漠視他、責罵他，都可能給他留下不好的印象，他要從你的愛和肯定中肯定他自己：「看！媽媽多愛我！她除了餵我吃，還對我說、對我笑、摟摟又抱抱，因為我是可愛的。」這個肯定能夠讓寶寶更有安全感，發育得更好，甚至長大之後更有自信。嬰兒期的教養非常重要，不該是照本宣科，而是愛的傳遞。

說個懸疑又驚悚的故事給你聽！

這個故事的主角居然是你，但你現在已經不記得。

很早很早以前，你住在一個「水晶宮」裡，四周都是水，你浮在裡面，地方雖然不大，所幸牆壁是有彈性的，能夠讓你伸展拳腳。多半的時候你蜷縮著，但也有時候漂左、有時候漂右，起先頭朝上，後來頭朝下。

吃喝有快遞
室內有恆溫

水晶宮的待遇好極了！你不必開口，也無需伸手，吃喝就會送到。你甚至不用費力去呼吸，房東早安排了一條管子，把各種你需要的補給品送去給你。連廁所你都不必上，垃圾更不必倒，那條管子也把你不用的廢物一聲不響地運走。

水晶宮是二十四小時恆溫控制的，除了水的流動，和一種很規則的砰砰節拍，你還能隔牆聽到房東「下水道」的嘩嘩流動，和「空氣清淨機」的呼呼聲。更有令你好奇的音樂和說話聲從四周隔著牆傳來。所以雖然水晶宮裡黑黑的，你不能看，但是你早就能聽了，你甚至能偷偷學，熟悉房東的語調，適應隔牆傳來的音樂與節拍。

突然來了拆遷大隊

但是有一天災難臨頭，房東在完全無預警的情況下，突然逼你搬家。而且強制執行，你不動，他就擠壓你的房子，讓房子變形，水晶宮裡的水也流失了。

房東狠心地推你出去，把你推向一個窄小的隧道，隧道很窄，你的頭很大，房東卻拚命把你推進去。當你通過隧道的時候，四周擠壓的力量，幾乎讓你窒息。

你終於衝出隧道了，只見外面一片亮，即使你閉著眼，還是覺得刺眼，而且發現你的那條「補給線」和「水晶宮」都被房東扔了出來。

原先那麼好的房東居然說翻臉就翻臉，她是真不要你了。

外面除了刺眼，還有涼，讓已經適應「水晶宮」恆溫調控的你受不了。

天哪！居然有人把你過去賴以維生的補給管線也切斷了，還把你的嘴清空。他甚至狠狠地給你兩巴掌，大概是給「新人」的下馬威吧！

你再堅強也受不了了，終於拉開嗓子大哭。

生命中吃下的第一口

沒了水晶宮來自四周的保護，你被上上下下前後左右擦來擦去，居然有人嫌你的水晶宮不乾淨？你抗議，哭得更大聲了。

所幸這時候又有一雙手把你抓起來，送給另一雙手。那雙手沒戴手套，好溫暖！把你放在軟軟的胸前。多熟悉啊！你又聽到那砰砰的節拍，還有房東說話的聲音。沒了水晶宮圍牆的阻擋，聲音清楚多了。你被那雙溫暖的手摟著，一邊是雙臂環繞，一邊是柔軟的胸膛。

你不哭了，小小的心靈對自己說：「好險哪！以為房東真不要我了，現在才知道，她還是愛我，而且……她把一個軟軟圓圓的東西塞進我嘴裡，我舔一舔、吸一吸。」你在心裡喊：「多美啊！我人生的第一餐。媽媽的乳汁！」

嬰兒房與保溫箱

乍看，前面我說的是一篇唯美的散文，但散文記錄的每件事都是真實的。那驚悚的過程，是我們每個人都經歷的，只是不一定都能這麼美好。

有些人離開水晶宮，就被帶去洗澡、穿衣服，送進嬰兒房，裡面好多也被房東踢出來的小鬼，這個哭、那個哭，吵死了！於是「你」也跟著哭。隔了很久，才被放上小車，送去給「媽媽」。

也有人很早就被房東踢出來，因為不足月，才出了水晶宮就進了保溫箱的玻璃屋。隔了好多天才見到媽媽。

更可憐的是房東不見了，雖然這個抱、那個抱，你都挺喜歡，但你還是懷念那個房東。她很少出現，你熟悉的聲音也很少傳來。可能房東不見了，不要你了，你不得不跟房東的房東（就是你的外婆），甚至毫不相關的人過日子。

新生兒的震撼

讓我們回頭想想，寶寶離開母體的那一刻，對他是多大的震撼！

就那麼一刻，雖然寶寶後來不記得，但是那遭遇會不會在心底留下印記？

愈來愈多科學研究，發現胎兒階段就會聽了，甚至能分辨媽媽的聲音。也愈來愈發現，寶寶生下來如果很快交到媽媽手上、被媽媽抱在胸前，甚至吸上一口奶，對寶寶會是多大的安撫！

各位統計一下，絕大多數的人抱孩子，是不是都把寶寶的頭放在左胸的位置？因為那最接近心臟，心臟的跳動聲最能讓寶寶安心。

還有，寶寶是不是都愛被摸摸？人們早就發現新生兒原本哭得厲害，一撫摸，哭聲就小了，甚至停下來。

寶寶當然也喜歡被抱抱。因為雙手雙臂包圍著，像「水晶宮」，四周是軟軟的保護，最有安全感。

寶寶也愛被拍拍，因為如同一直亮著的燈，讓人漸漸沒感覺，反而是一亮一滅的燈光，讓你總會注意。拍拍，讓寶寶更感覺到被照顧、被關心，好像那隻輕拍自己的手，不斷在說：

「你沒有被忘記！好好睡！別擔心，你一直在被疼愛。」

第一次接觸媽媽的雙手

在寫這篇文章之前，我先在網上詢問了大家的經驗。我問：「在大陸的醫院產婦分娩，寶寶生下來之後，是先帶去洗澡，送到育嬰室，隔一陣才送去給媽媽餵奶。還是洗完澡，或者只把羊水擦擦乾淨，就立刻交給媽媽？」

問題發出之後，僅僅在新浪微博兩天就有一百萬人閱讀，回答的高達兩千三百多人。令我非常驚訝的是，居然大部分的答案是盡快送給媽媽抱著，甚至就讓媽媽餵奶。

這讓我想起兒子出生的時候，先抓起來給我太太看看屁股，是男是女，接著就被送去育嬰室，隔了很久，大概是確定嬰兒和產婦穩定之後，才讓母子相聚。

至於我女兒，是在紐約西奈山醫院出生，她脫離產道時，醫生還在急著戴手套，我記憶中是戴手套啪啦啪啦的聲響，和女兒哇哇的哭聲。醫生把我女兒交到護士手上，護士一轉身又交給我，指指旁邊的小床，要我放在上面。

我雙手抓著滑溜溜的小東西，她渾身都是黏黏的羊水，紅紅的、燙燙的，一直顫抖，好像個小小的發電機。

護士又交給我一管眼藥，要我點在女兒的眼睛裡。問題是小寶寶一邊猛哭，一邊發抖，緊緊閉著眼睛，眼皮又那麼滑，我撥半天撥不開，喊護士。

護士正在記錄嬰兒出生的單子，沒抬頭，對我說：「用力撥！貝比很結實，不結實就來不了這個世界。」

接著，她把寶寶接過，三下兩下用塊布擦一擦，就轉身遞給了我太太。

多神妙啊！原本大哭的寶寶，哭聲慢慢變小，不哭了，靜靜貼在媽媽的胸前。

今天寫這篇文章，加上這些年來看不少幼兒心理的書，重溫往日的畫面，我愈來愈能體會一個寶寶出生時的心靈震撼，也愈來愈覺得撫育、養育、教育，是從出生那一刻，甚至出生之前就要注意的。

「一個寶寶的誕生，也是一個媽媽的誕生。」下次就跟大家討論「抱抱」、「拍拍」、「搖搖」和「走走」。

第3堂

拍拍、抱抱、搖搖、走走

為什麼一不抱，寶寶就哭

很多「過來人」會警告「新手爸媽」：

「可別寶寶一哭，就去抱，一抱他就學壞了，以後變得非抱不可。」

也有很多正在當爸爸媽媽爺爺奶奶的會抱怨：

「這寶寶被慣壞了，整天哭，一哭就得抱，一抱就不哭。後來更壞了，不但得抱，還得抱著走，抱著搖，不走不搖也哭！」

寶寶要抱抱，有什麼錯？

寶寶該不該抱？沒有標準答案，因為其中的學問大了！今天先從正面看，對出生的嬰兒，抱抱拍拍、摸摸搖搖，有什麼道理，有什麼好處。

首先讓我們想想，當寶寶在媽媽的肚子裡，是不是等於一天二十四小時，接連兩百多天都被抱、被搖，而且是懸浮在羊水裡，那「搖」可舒服極了！

已經嬌慣了兩百多天的寶寶，如果他要抱抱，有什麼錯？如果他一離開媽媽的肚子，就被打入冷宮，我們設身處地想想，那寶寶會不會感覺孤獨無助？他小小的心靈會不會緊張？他生存的本能會怎麼表現？

小狗的心靈

讓我先舉兩個小動物的例子：

我在紐約很想養一隻貴賓狗，有人對我說，別去一般寵物店買，因為不知來路，不知會不會是近親繁殖、會不會有病，最好去找專門培育貴賓狗的地方。

於是我上網，先找到貴賓狗協會，再找到繁殖貴賓狗的家庭。

那可確實是家庭喲！他們的要價很高，可是一開口就強調那是他們家裡帶的，不像農場是集體放養的。

我問那有什麼不同？

對方說，差異可大了！從剛出生就跟著狗媽媽，被狗媽媽疼愛，被主人照顧，活在「愛」當中，小狗當然不一樣，牠們長得更快、長得更好、更活潑，也更與人親近。不像農場式的養法，小狗被圈在擁擠的地方，根本不知道跟人在一起的感覺，更不熟悉家庭的氛圍，使童年的「狗格」不健康。

鐵絲猴子和棉布猴子

再讓我們看看美國威斯康辛大學做的著名實驗：

一隻小猴子出生了。實驗人員把小猴子帶離媽媽，交給兩個假的代理媽媽：一個是用鐵絲編成母猴子的樣子，懷裡放著奶瓶；另外一個是用軟軟棉布做的母猴子，懷裡沒有奶瓶。結果小猴子會到鐵絲媽媽那裡吸奶，再回到棉布媽媽的懷裡。如果棉布媽媽身上也裝個奶瓶，小猴子就再也不會去鐵絲媽媽那裡。而當實驗人員嚇小猴子，小猴子會躲到棉布媽媽那裡，不去找鐵絲媽媽尋求保護。碰上陌生的東西，如果籠子裡只有鐵絲媽媽，小猴子會比較畏縮。相對的，如果棉布媽媽在旁邊，小猴子則比較能夠克服恐懼，探索新的東西。

儘管如此，棉布媽媽還是不能完全取代真媽媽，由真媽媽帶大的小猴子，還是更健康。由這個實驗可以知道，小猴子除了要吃，更需要溫暖、柔軟給牠的安全感。

神奇的撫愛

從剛才說的這兩個故事可以知道，愛是要被培養、被激發的。即使一隻狗，你從小愛牠、照顧牠、對牠說話、讓牠生活在美好的氛圍中，相較於你不管牠，只餵食、不愛牠，給牠冷冷的觸感，牠長大之後當然會不一樣。

小動物如此，小寶寶更這樣。在媽媽肚子裡，他們感覺被擁抱、被疼愛，誕生之後，進入陌生環境，他們當然更要被擁抱、被疼愛，還有：被撫摸、被拍拍、被搖搖！

不知道你有沒有看過這麼一則新聞：一位加拿大的媽媽生下早產兒，寶寶沒有呼吸，但是媽媽堅持抱在自己胸前，不斷對這個早逝的小生命說出媽媽的愛和不捨，經過兩個鐘頭，小寶寶居然開始呼吸了。

還有，醫院裡都有「嬰兒保溫箱」，早產的寶寶會暫時住在裡面。那保溫箱雖然恆溫恆濕，類比媽媽肚子裡的情況，但護士們除了餵食、換尿布、更衣，還有一樣重要的工作，就是常常伸手進去撫摸那早產兒。這撫摸非常重要，因為會使嬰兒長得快、更健康！

當媽媽不在的時候

這也從其他動物身上可以驗證。

你或許看過貓狗生產，一胎生下好多小貓小狗，偎在媽媽的肚子上。牠們的眼睛雖然沒張開，卻會不斷地尋找媽媽的乳頭。

當狗媽媽、貓媽媽離開的時候，那些小東西還會不斷找乳頭，或者爬來爬去嗎？不！牠們會偎在一起，幾乎一動也不動地睡覺。

如果你沒見過這一幕，總看過動物影片裡獅子、老虎在洞穴裡的畫面吧！那些初生的小獅子小老虎，是不是跟小貓小狗一樣，當媽媽離開的時候，牠們就一動也不動。

「一動也不動」，是牠們的本能。因為當媽媽離開（或許爸爸也不在）的時候，牠們失去了安全感，牠們有一種恐懼，就是媽媽什麼時候回來？媽媽會不會不回來？

因為這恐懼，牠們必須保留體力，降低新陳代謝，使自己能撐到媽媽回來。

當媽媽回來，那些小東西就「活起來」了。媽媽除了餵奶，還會做什麼？相信大家在影片裡都見過——

媽媽會不斷舔自己的寶寶！

那「舔」就是撫愛啊！告訴小獅子小老虎：「不要怕、不要怕！媽媽在你身邊，餵你吃、保護你，讓你快快長大。」

讓媽媽帶著跑的本能

知道了這一點，你就應該知道為什麼寶寶需要被抱抱、被拍拍、被搖搖，甚至被不斷地傾訴，傾訴媽媽爸爸的愛！

你也當然可以想見，如果把初生的寶寶往床上一扔，哭也盡量不去管他，只按時餵餵食物、換尿布，是不夠的。要小寶寶長得快、長得好，甚至有健康的心靈，照顧的人必須撫摸他、抱他。

或許有人要問，摸摸抱抱也就夠了，小鬼為什麼那麼不知足？不但要抱，還得抱著搖、抱著走。為什麼很多寶寶抱起來還哭，一搖、一走就不哭了？

這道理很簡單，你也看看小動物就知道。

舉個例子，當母貓生了一窩小貓，被你發現了，或被人打擾了，母貓是不是會搬家，把小貓帶到比較隱密的地方？

牠們沒有手，不能抱，貓媽媽怎麼搬動小貓？

牠把小貓叼起來對不對？

當貓媽媽嘴裡叼著小貓走，那小貓會不會像在媽媽肚子吃奶的時候，扭來扭去？不會！他們看來鬆軟得沒了骨頭，甚至可以形容母貓嘴裡叼著的小貓，好像死了！

這是本能啊！

許多生物像是猴子，幼小的時候，別的力量不大，抓的力量大，因為牠們要抓著媽媽的毛皮。媽媽在樹間跳來跳去，小猴子都得緊緊掛在媽媽身上，不掉下來，這是與生俱來的求生本能。也可以說千年萬代下來，那些手上沒力氣，抓不住媽媽的都早早被淘汰了。

貓狗也一樣啊！當母貓叼著小貓搬家時，那小貓能又叫又跳又扭嗎？凡是不懂得安靜下來的，也都早被淘汰了！

在媽媽肚子裡旅行

現在你應該了解，為什麼小寶寶不但需要被抱、被摸、被拍、被搖，甚至被抱著走，一走就不哭了吧！

而且，在媽媽肚子裡，他就被搖，被帶著四處走。有些活躍的媽媽甚至帶著肚子裡的寶寶爬山騎馬呢！

什麼場面寶寶沒見過？你把他抱起來，拍拍、搖搖、走來走去，算什麼啊？只要寶寶要求的不過分，就給這個新來的寶寶，幾分特別的寵愛吧。讓他覺得這個世界好可愛，每個人都歡迎他、疼愛他，讓他在無比的安全感當中，盡力吸收營養、汲取知識、快快地長大！

第4堂

別把寶寶關禁閉
嬰兒床最好放在哪裡

這堂課要談嬰兒床最好擺在哪裡。

我有位美國學生，一年前生了寶寶，他很得意地對我說，寶寶還沒抱回家，他已經花了上千美金，請專家為寶寶擬了一份「作息表」。幾點鐘餵奶、幾點鐘洗澡、一天餵幾次，分幾段時間睡覺，全部嚴格照辦。而且他們把寶寶單獨放在一個房間，有很好的隔音、恆溫和監控設備，他們兩口子透過監控，就能知道寶寶的一舉一動。除了起初兩個禮拜，寶寶比較不穩定，後來就真能養成規律，好帶極了！這樣做寶寶能從初生就學會獨立，爸爸媽媽也比較有私人生活。

他講得似乎很有道理，但是我們也可以分幾點來想，會不會有其他更好的選擇？

寶寶天生怕吵嗎？

第一，他們說嬰兒房有很好的隔音，所以寶寶睡得好。問題是寶寶在媽媽肚子裡會很安靜嗎？只怕吵極了！媽媽血液的流動、心臟的跳動，講話的聲音、呼吸的聲音、腸胃道蠕動的聲音，還有隔層肚皮，從外面傳來的各種聲音，非但不安靜，而且吵極了！媽媽咳嗽和打噴嚏的聲音更大，加上震動，據說能讓胎兒在羊水裡改變位置，這不等於地震嗎？

從這麼吵的地方，一下子降入人間，本來媽媽說話應該聽得更清楚了，人們談話走動的聲音也應該更實在了。但是碰上像我學生的那對父母，特別安排了隔音房，把寶寶一個人放在裡面，多半的時間都什麼也聽不到，只有監視器在偷看。

寶寶能適應嗎？這種感覺好嗎？失去了跟外界大半的聯繫，會不會有點像關監獄的感覺？

第二，嬰兒最早發育的感官，除了觸覺就是聽覺了。據研究，胎兒已經能夠認識媽媽的聲音，誕生之後，對媽媽說話的聲音會特別有感覺。甚至有研究，懷孕後期對著胎兒播放某種特別的音樂，誕生之後寶寶對那旋律特別有反應。如果嬰兒期寶寶處在某種語言環境，就算兩三歲就送給別人，完全換了一種語言，等到孩子成年，學習嬰兒時熟悉的那種語言，也會比完全不曾接觸過的人快得多，甚至腔調都抓得更準。

許多研究發現，寶寶剛生下來好像整天在睡覺，什麼也不懂，但其實他們已經在適應環境，連四周人說話的語法，都會被寶寶吸收。他們的心靈像一張白紙，可以留下最微小的印記；他們的大腦細胞神經元的連結正在快速建立，有著最大的可塑性。

因此，小寶寶能很快聽懂大人說的意思，而且一歲多就開始說話。細細想，他們從零到有，從一無所知到能把語言組合起來，表達他們的意願，這發展的速度簡直是匪夷所思啊！

所以，當我們總是把寶寶關在他自己的房間，以為隔音的「無聲」，能使他們睡得更穩的時候，也可能剝奪了他們跟外界的接觸，使他們失去吸收的機會。

總讓寶寶感覺你在身邊

第三，進一步想，在人類歷史上，有幾個寶寶能在隔音的房間養大啊！即使到今天，世界上多半的人家，還是大家擠在一個房間裡。

請不要驚訝！你要想想那些貧窮落後的國家，甚至把我們自己推回四十年前，是不是也可能一家老小擠在一兩間小房子裡。

人類千年萬載，生下的寶寶多半是在自然的家庭氛圍裡長大，沒有人為他們設置「隔音」房，大家小時候都因此睡不好嗎？都發育不良，有人格上的問題嗎？

只怕他們比那些嬌生慣養，從隔音環境中長大的小孩，在心靈上更健康！

為什麼？

因為寶寶從娘胎到誕生之後，身處的環境沒有大的改變，他們幼小的心靈比較容易適應。

更重要的是當寶寶總能聽到四周的聲音（除非那是突發的巨大聲響，會驚嚇到寶寶），反而讓他比較安心。舉個例子，一個獨自關在小隔音房間裡的寶寶，跟一個放在大人房間，總是聽到媽媽和家人說話的寶寶，誰比較感覺四周有可以照顧自己的人？誰比較有安全感？

或許有人會說，獨自睡小房間的寶寶一哭，我們在監視器裡發現，就會跑去他的房間照顧他，有什麼不同？

只怕差異大了！如果寶寶不哭，就一個人待在他的小房間裡，寶寶一哭你就去抱他拍他，時間久了，會造成他用哭的方式來呼喚大人。

相對的，如果時不時地傳來大人的聲音，他知道媽媽爸爸或照顧他的人總在四周，反而不需要用哭來確定大人在不在。

對幼兒最好的心靈教育，不是當他哭喊的時候你會在，而是當他需要的時候，你會在。

寶寶睡哪兒好？

順著這條路往下想，嬰兒床最好放在什麼地方？

你很富裕，寶寶有單獨的房間，確實可以放在裡面。但我建議白天應該把門打開或半開，讓外面的聲音多少傳進去。你也可以在白天的時候，把嬰兒床推出來，讓他熟悉家裡的聲音。或者用嬰兒車推到室外，讓他接觸大自然。

夜晚，你可以把寶寶推回他自己的房間，或者把嬰兒床放在你的床旁邊，讓寶寶總聽到你的聲音，你也總能聽到他的聲音。

有一派理論，認為寶寶跟大人睡一張床是非常好的，因為有些初生的孩子有「呼吸中止」的毛病，跟在大人身邊比較容易覺察。甚至寶寶可以從大人的呼吸當中感覺呼吸的頻率，建立他們更好的生理節奏。據統計，美國的「嬰兒猝死率」（SIDS）達到千分之二，是日本的十倍，甚至是香港的一百倍，很可能就因為美國也是讓嬰兒「單獨睡」最多的國家。

跟寶寶同睡一張床的大人，還有個好處，是能傳遞給寶寶體溫，隨時伸手摸摸寶寶，這讓大人跟寶寶都能減少「不確定感」。寶寶就在身邊！大人就在旁邊！如果又是跟媽媽同睡，媽媽就在身邊，這是多幸福的感覺啊！據說跟媽媽同床睡的嬰兒吃奶的量遠遠超過單獨睡的，寶寶吃得多，又有安全感，當然應該長得比較好。

（只是父母跟嬰兒同睡一張床，必須保持距離，空間不能太狹窄，以免壓傷孩子。）

兒子讀書全家作賊

最後，讓我說個我家的故事。

我的兒子劉軒，雖然在美國長大，幾年前居然斗膽參加大陸的《我是演說家》電視節目，而且僥倖拿了冠軍。其實他英語演講可能更強，高中時曾經拿過全紐約市的演講比賽冠軍。

只是接下來，他代表紐約市參加紐約州的比賽，就垮了！

原因是，從小他在家裡，我們就全家寵著，只要他睡覺，大人連開門關門都像作賊似的，更別說看電視了。但當他去紐約州首府阿伯尼參加大賽的時候，是跟大家一起住宿舍。一群高中孩子吵，吵到很晚才睡，別人呼呼大睡，劉軒卻習慣了安靜，整夜失眠，第二天糊里糊塗，表現失常了！

就在他參加大賽的第二年，小他十七歲的妹妹出生了。有了哥哥的教訓，女兒從醫院回到家，我就把她放在我臥室的小床上，小床有輪子，白天都推到客廳。可以說，電視的聲音、大人交談的聲音，甚至旁邊廚房的刀鏟鍋碗叮叮噹噹的聲音，總從四周傳來。

如我前面所說，寶寶打娘胎裡就夠吵的，在醫院育嬰房裡更是這個哭、那個喊，吵成一片，她到家，四周的聲音全是她以前「隔著媽媽肚皮」熟悉的。所以她睡得好極了！

當她上中學，就算她在做功課，我們也不會像以前對她哥哥那樣全家「看啞巴電視」，甚至因為老人耳朵不好，外公外婆把電視開得更響。有一天我問女兒會不會太吵，影響她做功課？

女兒一臉不解地問：「吵？我沒有覺得啊！」

後來她上了大學。有一天我打電話過去，傳來震天的音樂聲，連她說話都聽不清，我問怎麼回事？她說她的室友正在開派對，屋裡擠了一堆人。我又問她在做什麼？

她說：「我坐在床上看書，明天要考試。」
我的女兒跟兒子，為什麼對環境的適應力，有這麼大的不同？孩子總有一天要走向外面的世界，那裡的人不會為他看啞巴電視、躡手躡腳走路、作賊一樣關門，你是不是應該從小就教他適應。我這麼說，不是講從小就在孩子床邊敲鑼打鼓，而是給他自然的環境。

從出生的第一天孩子就向遠處走去

什麼是最好的家庭教育？
能讓孩子適應社會的教育最好！因為孩子從出生的第一天，就不會再躲回媽媽的肚子，而是逐漸離開媽媽、離開爸爸、離開家，走向外面的世界。所以無論學校教育、家庭教育，都應該以孩子面對的世界為目標。就學期間，他要能適應學校；畢業之後，他要能適應社會。
每個孩子都是為父母生的、為家族生的、也是為世界生的。你可以想像個畫面，從外太空看地球，看到你家、看到小小的嬰兒床，你的小寶寶睡在床上，睡在你家，也睡在大大的地球、世界的中央。
是誰把他帶給這個世界？是你啊！你為這個世界帶來無窮的希望，寶寶就是希望！是誰把世界帶給寶寶？也是你啊！是你把世界攤在寶寶的面前。這是讓他未來享受、發揮跟創造的地方！

第5堂

愛的催眠曲

當寶寶哭鬧的時候

我有位初中同學，爸爸是小兒科的名醫，有一回他表情沮喪地到學校，說前一天被他老爸狠狠修理了。其實他只是頂他爸爸一句嘴，偏巧爸爸當天在醫院不高興，火氣正大，就打了他一巴掌。

事情是這樣的，當天有對夫妻抱著一個大哭不止的嬰兒去看病，醫生（也就是我同學的爸爸）請媽媽抱著嬰兒進去，因為診療室不大，嬰兒的爸爸只好坐在外面等。

醫生把嬰兒放在床上，先檢查了一下身上，摸了摸、敲了敲，嬰兒還是大哭不止，醫生就靜靜站在床邊盯著看。這時候等在外面的爸爸著急了，推開診療室的門問：「怎麼還在哭？醫生在幹什麼？」

嬰兒的媽媽回頭說：「醫生在看寶寶哭！」

那爸爸就爆炸了，衝進診療室對著醫生大吼，幸虧被護士擋住。

醫生轉身安撫那個男人：「我確實是在看你孩子哭啊！你孩子才一個月，會講話嗎？會說他哪裡不舒服嗎？他確實會講話，他講的話就是哭。所以我得看他哭，從他哭的樣子看他哪裡不舒服。」

病因找出來，那對夫妻抱著寶寶走了。問題是醫生的火可沒消，憋了一肚子氣回到家，進門就大聲說：「我不看他哭，還看他笑嗎？居然還想揍我？」

接著，我同學就真挨了揍。

寶寶是天才演員

在第三堂我說過，對初生的寶寶，抱抱搖搖和撫摸會讓他們有安全感、長得更好，但是當寶寶比較大了，譬如六個月以上，就不見得要常抱了，尤其不必一哭就抱。為什麼？

第一，你要訓練他獨立。

別看寶寶好像什麼都不懂，其實他們鬼得很！不知你有沒有看過網上被很多人轉發的一個生活短片：

小寶寶在地板上跟媽媽玩，媽媽才站起身作勢要離開，那寶寶就開始哭，媽媽愈走遠，寶寶哭得愈大聲，簡直成了哀號。可是當媽媽真出去了，（隱藏攝影機繼續拍攝）那寶寶就不哭了，低下頭自己玩。這時候媽媽從門外探頭看了一下，才那麼一瞬間，寶寶發現了，又開始哭，哭好大聲。媽媽不理，把頭縮回去，寶寶看了門口兩眼，看不到媽媽，立刻不哭了，又低下頭自己玩。

如果寶寶一哭，大人就緊張，立刻這個哄、那個抱，寶寶很快就能學會表演這一招，甚至四、五歲的孩子，黏大人，還會作這種演出。所以，不要寶寶一哭就抱，原因之一，是別養成他這種依賴性。相對的，也給大人留一點自由。

但是這當中有個條件，就是你可以不陪他，卻不能不隨時注意他，也可以說家裡有小孩，總要有大人在，以免發生意外。正因此，美國法律規定，不能留十三歲以下的孩子單獨在家，如果家裡有小孩，父母出門一定要請人照顧孩子。

提到父母出門，留孩子在家，就算有人管，父母最好也跟孩子說一聲，譬如：「媽媽出去一下，很快回來，你跟阿姨在家，要乖乖。」

父母不能因為怕孩子哭鬧，每次都偷偷溜掉。因為那會造成孩子沒有安全感，好像媽媽爸爸隨時會消失。如果父母要出遠門，許久不回來，或者保母辭職不做了，孩子已經懂事，也得跟孩子講清楚，不能不告而別。因為在孩子的心裡，一個照顧她三四年的阿姨突然消失，再也沒回來，表示有一天媽媽也可能突然消失，不再回來。這種不安，會造成孩子更黏，甚至在心裡留下陰影，一生都缺乏安全感。

沒錯！孩子在家，你要出門，他確實可能哭，搞不好還大哭。但是只要你講信用，時候到就回來，次數多了，孩子就比較不會哭，因為他對你有了信心。

第二，當孩子大一些，他哭，你只要知道沒什麼事，可以先不過去。讓他哭一陣，再去照顧他（這時候寶寶彷彿失而復得，會特別興奮）。這樣做的目的是要讓他知道，不是一哭就有抱，這世界不是盡如人意的。

話說回來，寶寶哭，快速深呼吸，加上手腳揮舞，還能有運動的效果。

要發現真正的問題

第三，寶寶哭，不立刻抱，有時是為了像前面提的那位小兒科醫生，得先看看、檢查一下寶寶哪裡不對勁。有經驗的大人能從寶寶哭的樣子和聲音，知道他是餓了，還是拉了。如果寶寶一哭，你看都沒看就抱，雖然他可能暫時不哭，但問題沒解決，放下去，又會哭。

要訓練新生兒獨立嗎？

第四，不要寶寶一哭就抱，也常是為了養成他的好習慣。

上一篇我提到有位美國學生，高價請兒童心理醫生開了一張「寶寶作息表」，幾點餵、幾點睡、幾點洗澡，全部嚴格執行。

起初那寶寶不聽，常常大哭，但是大人堅持，讓寶寶獨自睡一個房間，門關上，哭歸哭，就是不去管。寶寶哭累了，自然不哭。堅持一陣就習慣了。

問題是，寶寶從那麼小，大人就讓他無助，甚至放棄，往好處想是訓練獨立；從寶寶的角度想，那會不會造成他的不安全感，影響他的發育，甚至影響他未來的心理？

所以我認為，就算你讓寶寶獨自睡一個房間，白天也最好把門打開或半掩，讓外面的聲音傳進去，讓寶寶習慣外面的環境。而且因為聽到家人的聲音，感覺「自己不孤獨」。

可以不抱但是要顧

談到讓寶寶有安全感，除了讓他感覺有大人在四周，還有一點，就是當他大哭的時候，你可以不「抱」他，卻「顧」他。確定他沒什麼問題時，再輕輕拍，或者對他小聲說話：

「寶寶好好睡！媽媽在！寶寶乖乖……」很可能話沒說完，寶寶就睡著了。

對小寶寶輕輕柔柔地說話，尤其對新生的嬰兒，是極有好處的。

你想想，寶寶在媽媽肚子裡是不是總聽到媽媽說話的聲音？當他突然離開媽媽溫暖的肚子，離開二十四小時的抱抱搖搖，來到這個陌生的世界，加上初生的時候，眼睛還看不清楚，是不是好像把他一個人扔到洞穴裡。

當他緊張害怕、孤獨無助的時候，就算還沒人過來抱抱他、摸摸他，但是從不遠處傳來人聲，尤其是媽媽的聲音，他會不會也好像在黑洞裡見到光明？救星來了！

說幾句親愛話，唱幾首搖籃曲

所以每個照顧寶寶的大人，尤其是媽媽，千萬別忽略這一點！那些白天上班，只有晚上才能照顧寶寶的父母，更別失去這種對著孩子耳邊輕輕說的機會。要知道在耳邊輕訴的親密感，不但寶寶有，連大人都有。常常不必真說，只是貼近耳朵，感覺呼吸，就會讓我們產生愉悅的感覺。

各位如果不信，假使你有比較大的孩子，平常睡覺前你都對他喊：「好好睡！」、「快點睡了！」今天你換個方式，走到他床邊，對著他耳朵小聲說：「好好睡！晚安！」他的反應必定不一樣，就算沒立刻表現出來，心裡也會感覺「溫暖」。

你也可以因此了解，為什麼西方人常在孩子入睡前，過去親親面頰，道一聲晚安。而不是像我們喊一聲：「早點睡！」

你還可以了解為什麼唱搖籃曲會幫助寶寶入睡。他要睡覺了，你卻在旁邊唱歌，不是吵他嗎？為什麼反而能讓他快快進入夢鄉？

因為那歌聲讓寶寶知道：「媽媽在這兒，媽媽陪著你，媽媽疼你！愛你！寶寶安心！」

即使寶寶就睡在你身邊，甚至他已經睡著了，你都可以對他輕輕說、輕輕唱：「寶寶好漂亮、寶寶好可愛……」

好比催眠，那聲音更能觸及寶寶的靈魂。

所以當你因為忙碌整天都沒見到寶寶，下班回家，就算寶寶已經熟睡，你也可以去看看他、對他說說話。

但是千萬記住，你從公共場所回家，別一頭衝到寶寶床邊表示親愛。一定要先脫去外套、洗手洗臉，甚至洗澡之後再去接近寶寶。尤其當他單獨睡一間時，你雖然只是進去晃一圈，你的頭髮、大衣，卻可能在空氣中留下很多細菌，如果再關起他的房門，就會整夜被寶寶吸收。許多實例證明，從外面帶來的細菌和病毒，容易造成寶寶感染。最近新聞還有個寶寶，只因為被親一下，感染了皰疹病毒而死亡。很多人有親親別人寶寶，或者叫寶寶親親別人的習慣，覺得這是親愛的表示，在乾淨的環境或許可以，如果環境不夠乾淨，尤其流行病感染的時候，就需要大人注意了。當你帶寶寶出去，有人過來親親的時候，你可以用婉轉的方式迴避，譬如說孩子認生。你更不必學西方人，看到叔叔伯伯阿姨，主動要孩子過去抱抱親親。

請別說我操太多心，因為這是關乎孩子健康的，就算親親是習俗，我也不能不說。

第6堂

寶寶從出生就追尋媽媽的影子

需要媽媽關愛的眼神

前幾次談到新生寶寶的觸覺和聽覺，今天要談的是視覺。當我們把視覺、聽覺和觸覺放在一起，就更完整了！

新生兒的視覺發育遠在聽覺和觸覺之後，大概因為寶寶在媽媽肚子裡是一片黑暗，他們很少張開眼睛看，看也看不到什麼，視覺發育當然比較慢。

據研究，初生的嬰兒只能感覺到光亮，過兩天才能看見模糊的輪廓，接下來他們就算視網膜發育比較好了，也還不能對焦，所以有人認為兩個月的寶寶只能看見近處的東西，也有人認為他們應該是天生遠視眼。這時候他們感應色彩的細胞也不成熟，可能只分得出紅色和綠色。大約要到八個月以後，視覺才能發育得比較成熟。

所以新生兒不認人，誰抱都差不多，但是八九個月大就會認生了。陌生人一抱就哭，甚至看到不認識的人，也要哭。

儘管如此，據觀察，初生嬰兒已經會試著認識輪廓。（如果由媽媽餵奶）出生只有兩三天的寶寶，看到媽媽的臉，嘴巴作出的吸吮動作，會比看到陌生人明顯得多。

也可以說，別看那初生下來一兩天的小鬼，他已經比較認得那「餵他吃」的人。如果再加上熟悉了兩百多天的「媽媽的說話聲」，他表面好像懵懂無知，其實已經心裡有數。

帶寶寶不是做功課

所以帶寶寶的人要知道，別認為初生的寶寶什麼都不懂，他哭的時候把他抱起來，塞個乳頭或奶瓶到他嘴裡，吃完之後，抱在肩上拍拍背、打打嗝，對照顧的人而言就是工作完畢。

其實這時候寶寶已經很有感覺，他尤其需要感受你的愛：

「你在餵我的時候，有沒有看著我？有沒有露出很疼愛、很喜悅的表情？你有沒有對我說話，說你愛我，或是唱歌給我聽，讓我開心？」

抑或他想：「你為什麼好像在應付我，從頭到尾都沒看我幾眼？你為什麼眼睛盯著電視，再不然在滑手機，或者跟別人聊天？」

最糟糕的是碰上脾氣壞的媽媽（或帶他的人），非但不看他，沒有對他「傳達深深的愛」，而且罵這個、怨那個，甚至大聲吵架。據兒童心理學家研究，那樣對嬰兒的心靈會有極大的傷害。

就算對著寶寶說話也有講究，舉個例子，有「產後憂鬱」的媽媽，對寶寶說話常常比較缺少感情，聲調平平的沒什麼變化，對嬰兒就有不好的影響。相對的，那些心情好，說話抑揚頓挫，好像唱歌的媽媽，則對嬰兒有很大的安撫作用。

沒有所謂「嬰兒」這麼簡單的事

著名的兒童心理學家威尼科特（Donald Woods Winnicott，1896-1971）有一句名言：「沒有所謂嬰兒這麼簡單的事。」嬰兒不是孤立的個體，而是跟照顧他的人的合體。你不能只看一個嬰兒的問題，任何時候都得把照顧他的人一起考慮進去。

情感依附的重要

也有很多對嬰兒早期跟媽媽互動的研究，說每個寶寶都有「情感依附」，幾位西方心理學家甚至從一九六四年開始，觀察了七十六個寶寶，從他們初生時跟家人的互動，到他們長到十八歲和三十歲時的表現再作比較。發現在嬰兒時期「情感依附」的好與不好，對後來會有相當大的影響。

那些家裡感覺溫暖，常盯著寶寶的眼睛看，對寶寶細語的媽媽，更可能養出心理健康的寶貝。

這些寶貝長大之後可能更有同情心、同理心，遇到挫折更能冷靜應對，他們對自己的小孩也可能更親密。

來到新世界的恐慌

為什麼寶寶那麼小，好像什麼都不懂，甚至看都看不清楚的時候，已經能夠感覺大人的愛？甚至猜測大人的心情？

因為那是本能！

想想，如果你新到一個環境、新進一個單位，你什麼人都不認識，是不是會戰戰兢兢？你會趕快找個比較能投緣的人，跟他走近一點，對不對？

小寶寶何嘗不是如此？前面說過，許多剛生下的小動物，就會用力抓住媽媽的皮毛，免得摔下來。媽媽離開的時候則會靜靜等待，減少熱量消耗，保留體能，等著外出的媽媽回來。

人是萬物之靈，當然更如此。還沒出生，寶寶已經在聽、在感覺、在吸收，生下之後更要找他熟悉的聲音、認清照顧他的人。這是為了安全、為了生存，也可以說是本能啊！

知道了這一點，各位新手媽媽（還有照顧寶寶的爺爺奶奶、公公婆婆們）就得反省了。

你會不會認為小傢伙什麼都不懂，拍拍他、抱抱他、餵奶洗澡，只當件工作，把動作完成就好？

你在餵奶的時候有沒有專心在寶寶身上？抑或你總是分心，讓他覺得你根本在敷衍？

如果還來得及，趕快改！

吸母乳與用奶瓶

在這兒倒是有個好消息，就是研究發現，餵母乳跟餵奶瓶的差異不大。雖然有一派學說認為寶寶早期吃母乳的「吸吮經驗」，有助於人格成長，但是就算用奶瓶餵，只要大人拿著奶瓶，摟著小寶寶，像在母親懷裡哺乳一樣，而且用慈祥的眼神看著寶寶，再加上溫柔地說話和哼唱，寶寶的感覺一樣好。

親人保母也很好

也可以說，如果媽媽因為工作，不得不把孩子交給親人或保母帶，只要保母有愛心、有耐心，也可能有助於寶寶的情感依附。

所以必須慎選保母。除了對方的生活習慣好不好、身體夠不夠健康、脾氣好不好，甚至連他說話的方式都得注意。因為你的寶寶交給「他」帶，就會跟他學，他的心態語氣，甚至說話的方法，都會影響你的孩子。

更重要的是「帶的人」有沒有愛心和耐性。他為寶寶換尿布、為寶寶作清理，或把奶嘴塞進寶寶嘴裡的態度，都可能進入你寶寶的心靈深處，留下溫暖或粗魯的印記。如果寶寶吐了瀉了把東西打翻了，大人一邊收拾一邊罵；如果寶寶大哭，大人過去把奶嘴粗暴地塞進寶寶嘴裡；如果大人一邊抱著寶寶，一邊跟人吵架，都可能對寶寶的心靈有負面影響。同樣的道理，你對保母的態度，也會影響你自己的小孩。我就親眼見過，早上媽媽對保母拍桌子，晚上孩子就對媽媽拍桌子。

善待保母就是疼愛孩子

寶寶處處都跟「帶他的人」學習，有個學術名詞是「鏡映效應」——好像照鏡子，寶寶從照顧他的人臉上看到他自己：

「媽媽看我的眼神好溫柔、好疼愛，表示我好可愛！」
也可以說他用大人的肯定，來肯定自己的存在。也可能因為大人的厭惡，讓他否定自己。
各位想想！如果一個小奶娃，從出生就能不斷肯定自己，他未來是不是比較有自信、會正面思考？相對的，剛出娘胎就不斷被冷漠對待的孩子，會不會在心底埋下陰鬱的種子？
現在愈來愈發現，許多憂鬱症甚至自閉症，都跟孩子早期的生活有關。
對照顧孩子的人，我們能不慎選嗎？
如果你希望保母善待你的孩子，你能夠不善待保母嗎？
最好的保母是把你的孩子當他的孩子，最好的雇主是把保母看作自己的家人。
善待保母就是疼愛孩子！

在這個音訊節目推出之前，我曾經把一些段落放上我的微博和微信，徵詢大家的看法。我發現每一篇的反應都好，只有這一篇許多媽媽不贊同。為了這個，我跟很多朋友討論其中的原因。得到的結論是：可能因為大陸（其實也不只大陸，世界各地都有）有很多保母虐待嬰兒、甚至不久前有明明主人對保母非常好，保母還縱火造成四人死亡的悲劇，導致許多人對保母反感。只是我在這兒要說，照顧嬰兒最好的人當然是媽媽，問題是如果媽媽必須上班，又沒有親人能夠幫忙，當然只好把孩子往托育中心送，再不然在家聘請保母。當你不得已，把希望寄託在保母身上，當然只好慎選保母，同時善待保母。因為我們很難要求一個對雇主滿腹怨言的保母能夠滿心歡喜地付出。

在這兒我也要呼籲那些無暇照顧自己孩子的媽媽們，回到家要盡力跟孩子接近，讓孩子感受母愛。而且，不要因為發現孩子跟保母比較親的時候，心裡不痛快。妳要想想，孩子跟保母親近，表示那保母做得不錯，他替代妳扮演母親，妳應該感謝他啊！而且保母畢竟是保母，他們總有一天會離開。媽媽畢竟是媽媽，妳的孩子到頭來還是會跟妳比較親。

第7堂

孩子提早入學好嗎？

別讓孩子贏在起跑點，卻輸在終點

最近在美國《世界日報》上看到一個整版的專題報導，大標題很醒目：「開學式剖腹產值得嗎？」

內容是說每年到了八月下旬，中國大陸剖腹產的人特別多，有些人預產期已經是八月底，還要預約八月三十一號剖腹，為的是怕孩子「遲到了」。更多的是預產期在九月初，硬是提前剖腹，非叫那寶寶在九月一號前出生不可。

道理很簡單，因為入學制度，即使同年的孩子，八月三十一號之前出生的可以入學，九月一號出生的就得多等一年。

《世界日報》專欄的小標題說：「這種開學式剖腹產，顯示中國父母想讓孩子贏在起跑點。」

虛榮與不平的心理

我想非要孩子早早入學不可，真正的原因是父母心理上莫名其妙的不平，加上虛榮心。是啊！隔壁的王大毛才比我家小寶早一天生，人家現在已經背著書包上學了，我家小寶還留在家裡無所事事。比起來，多丟人！

那父母可能進一步想，改天大毛大學都畢業，進入社會賺錢了，我家小寶還在念大學，繳學費呢！

談到繳學費，就是另一個原因了。許多父母都工作，孩子在家，如果上一輩又不能帶，就得找人或者送幼稚園，開支比上小學多得多，從經濟上考慮，當然早一年入學可以省不少。

還有些父母想得更遠，孩子還沒上小學，已經想到成年了，說早畢業可以早找對象，免得好的都被別人搶走了；再不然講，早入學，將來考學校，就算沒考好，也可以多一年的機會。

問題是，當他們這麼想的時候，有沒有作下面的深思：

小一號的孩子真能贏在起跑點嗎？

首先，大家都說要孩子「贏在起跑點」，問題是你想想那畫面：在賽跑的起跑點，一群孩子排成一條線，準備鳴槍起跑。你家寶寶在八月底出生，甚至是經你下過功夫、砸過錢，「硬是剖腹」生下來，比別的孩子可能小上一整年。

六歲左右的孩子，一年差多遠哪！一眼望去，你的孩子明顯小一號，結果雖然槍響了，你那小寶寶也起跑了，他能跑第一嗎？搞不好，才起跑，就落後了。

結果是贏在起跑點卻輸在了終點。

這是你希望的結果嗎？相對的，你順其自然，讓九月生的寶寶多等上將近一年，再站到起跑點上的時候，是不是比別人大一號？連在學校跟別的孩子打架都比較佔便宜啊！

「人生的跑道」，不是只有幾百公尺，而是幾十年，你的孩子會不會從起跑就落後，結果一路落後？

這是很可能的！據BBC中文網報導，一個早入學跟晚入學的孩子，從小學一路上來，參加的都是同樣的考試。也就是說他們從小學、初中高中到大學，總要跟比他們大的孩子爭。

或許有人說，幼小的孩子長得快，確實每個月都不一樣，大一個月就是大一號，但是過幾年差異就小了。

這話沒錯！問題是前面差異大的時候，造成的結果會不會一路影響下來呢？舉個例子，你的孩子不足齡，硬是靠你找後門託關係，進小學了。從進去，算術就跟不上。加上還有個可能，那些比較大的孩子，在入學前已經找老師，學了不少小學一年級的東西。結果上課時，老師問一問，發現多半的孩子基礎都會了，就簡單帶過，你的孩子會不會更跟不上？

難道你那比人家小的孩子，連補習也要跟人家爭嗎？連大小便都還不能控制，就往補習班塞，硬往他稚嫩的心靈塞東西嗎？這揠苗助長很可能造成心理的傷害，讓他一生都不愛學習啊！

小心孩子一路輸到底

結果，你那沒輸在起跑點的孩子，從第一堂課，別人聽懂，他就沒聽懂。成績單發下來就差人一截。他會不會有挫折感？如果再加上你是要好心切，爭強好勝的父母，會不會責罵孩子？就算不責罵，只怕你的表情，對敏感的孩子都會造成負面影響。

許多科目需要結實的基礎，譬如數學，你孩子起初的基礎打不好，就可能一路影響下去。失去了信心、失去了動力、失去了能力，一路輸到底。

這是你希望見到的嗎？

小一號的孩子常被同學排斥

再從身體上來看，我前面說，你家孩子如果太早入學，個頭比別人矮一截，連打架都吃虧。這雖然是幽默的說法，事實是不是真這樣呢？當別的孩子已經能將球投進籃框，你的孩子運球都有問題，別的孩子會願意找他一起玩嗎？當你的孩子被排斥在外，他的心裡能不受傷嗎？

這種差異雖然過不了幾年就幾乎打平了，還是有可能影響未來。

曾經有個體操國家代表隊作統計，發現能代表參加世界大賽的，多半是前半年出生的。原因是，體操隊從很小就訓練，在招訓「小學員」的時候，也像小學入學，以年齡劃分，結果從一開始被選上的，就多半是大一點的孩子。再經過一路淘汰，真正參加世界大賽，還是當初「入學」就比較大、從一開始就比較佔便宜的孩子。

—同班的大姐姐和小弟弟—

再想想成熟度！如果你是老師，門外走進兩個學生，一個看起來像小孩子，一個已經一副小大人的樣子，你要交任務給其中一個，你會給誰？

還有，我在初中曾見到個情況，好多初一的女生會逗男生。我甚至聽個可愛的男孩子說，他在樓梯旁邊走的時候，居然有女生會站在樓梯上笑成一團，還伸手摸他的頭。

抱怨的男生，怎麼看都是小孩，所以不懂那些小女生奇怪的「情懷」。

我自己念小學六年級的時候，旁邊的女生也曾經對我說：「把鉛筆故意掉在地上，低頭下去撿，順便偷看後面某女生的內褲。」

我那時候一愣，不懂她講的意思。過兩年，上初中了才想通。

我還聽過不少男生抱怨，不知道自己有沒有初戀，因為小時候是女生主動找他，他先沒感覺，後來有一點動心，接著畢業，兩個人吹了。小男生雖然挺沮喪，又不像真失戀那樣心碎。只是後來再交女朋友，就再也沒有初戀的感覺了！

只為不作剩女，所以提早入學

女生比男生早熟，在小學高年級，女生常常已經發育，長得比男生高，連看事情的態度都不一樣。可以說在小學時代，男生跟女生比，可能已經吃虧、甚至落後，如果再讓男生早入學，會不會更不協調？

當然，從另一個角度想，也就有人主張男生可以晚一點入學，女生則不妨早一點，這樣同班同學，男生多半比女生大一點，比較談得來。

還有人想得遠，是女生的生育期有限，以後結婚的壓力比較大，早畢業可以早找對象。早入學，班上男生比較大，也比較配。

這些都是事實，只是雖然女生後來發育比較早，是不是在起跑點也就比男生強呢？太早入學如果讓女生跟不上，那同樣會影響未來的學習啊！

綜合以上的得失，我個人認為，除非你的孩子特別聰明、特別強壯，最好不要提前入學。不提前，不表示你的孩子要多等一年，因為你可以用這一年讓他多享受一點學前的輕鬆自由，你也可以多享受些親子的快樂時光。你還可以讓他學點有意思的東西，作早期「身心開發」的工作，說不定真能讓孩子下一年贏在起跑點。

怎麼早期開發？咱們下次討論！

第8堂

幫助孩子的大腦開發

為什麼要多跟孩子說話、講故事

前一堂我提到，不必想盡辦法讓孩子提早入學，相信很多家長會問：「不入學，在家發呆嗎？回去上幼稚園嗎？還是怎麼樣？」

我先不談送孩子去上哪種才藝班，或補習學校，因為我不知道那些才藝班會不會揠苗助長。但是最起碼可以建議：「就跟孩子多說說、多玩玩吧！」

請不要覺得我的想法沒建設性，要知道這看來最沒建設性的，反而可能是幼兒最需要的。

腓特烈二世的異想世界

先說個有名的實驗：

十三世紀義大利國王腓特烈二世，大概因為自己懂得很多種語言，就想做個實驗。讓一群小孩在完全沒有聽過任何人說話的環境長大，看看他們是不是天生就會希伯來語、拉丁語、希臘語或阿拉伯語。於是他集中了一群新生不久的孩子，並且命令照顧的人只能餵寶寶喝奶、洗澡，絕對不能跟孩子說話，更不能逗孩子玩。

各位猜猜結果如何？

腓特烈二世的實驗失敗了，因為孩子後來全夭折了。

不過也可以說他的實驗成功了，證明寶寶從生下來，如果沒有人跟他們說話、對他們笑、逗他們玩，寶寶是很難生存的。

隔離的孩子不健康

又譬如二十世紀早期麻疹大流行，當時還沒有麻疹疫苗，有個孤兒院為了保護那裡的孩子，盡量不讓他們接觸外面的人，結果孩子的感染率非但沒減少，還遠高於外面的孩子，死亡率也高得多。

許多實例可以證明，就算吃得好、住得好、照顧得好，如果沒有跟外界的溝通、沒有愛，寶寶是很難健康成長的。

這時候，我們就要檢討自己跟孩子有沒有足夠的接觸？雙薪家庭的爸爸媽媽，把孩子交給老一輩、保母或幼稚園，孩子跟大人有沒有足夠的互動？

好的保母勝過差的媽媽

最近我看到一本尼可拉斯．魏德（Nicholas Wade）編輯的《大腦》（The Science times book of Brain），裡面很多高深的理論，但是最吸引我的是兩句很簡單的話：

「嬰幼兒跟既疼愛他，又愛說話的保母在一起，發育最快。」

「家裡交談多的，會增加孩子未來成功的機會。」

當我跟太太說到這兩句話的時候，我太太一笑說：

「好的保母勝過差的媽媽。」

她這樣想，大概因為從鄰居的身上就見得到。我有個鄰居，媽媽是華人，爸爸是白人，事業非常成功，兩口子忙得要死，孩子生下來只怕沒管過幾天。但是他家請了一位北京來的保母，非常疼小孩、愛說話，也非常愛串門。只要天氣好，就見那保母推著嬰兒車出來，四處串，見到鄰居就把寶寶舉起來秀。

秀什麼？

秀寶寶學到的中文兒歌。

怎麼看都是個洋娃娃的三歲小孩，一串一串地說，而且說的都是字正腔圓的京片子。

我記得最可笑的是，其中有句兒歌是：「一槍打死一個美國兵」。

孩子不懂自己唱的是什麼，唱完了，聽的大人笑，保母笑，孩子也得意極了！

我那社區還有位不太理人的媽媽，孩子跟北京保母帶的一樣大，看起來卻好像差了一歲，不但很少說話，連眼神都比較呆滯。我常想那孩子是有問題嗎？或者只因為媽媽在家很少跟他互動？

為什麼要說故事給孩子聽

你在外國影片裡，一定總看到美國父母在小孩睡覺之前，為他們講枕邊故事。連美國總統都曾經呼籲大人為孩子說故事、讀故事書。

說故事這麼重要嗎？相信很多家長會說，打開電視孩子就目不轉睛了，電視比說故事精彩多了！

豈知道，說故事跟放動畫的效果就是不同！也可以講面對面的交談，給小孩的感覺不一樣。因為當電影電視把現成的畫面放在小孩眼前，然後配上聲音效果，雖然生動，卻讓小孩缺乏創造和想像的空間。

虎姑婆長得多可怕？她怎樣把尾巴藏在衣服裡？在動畫裡全都清清楚楚展現在小孩的眼前，還需要小孩去想像嗎？

相對的，當大人比著手勢、揚著眉毛、瞪大眼睛說大野狼來了的時候，小孩子的內心會展現多麼精彩的畫面！

大野狼的故事確實讓他緊張，可是說故事的大人就在眼前，讓孩子覺得好安全，說不定跟說故事的媽媽爸爸靠得更緊了，親子變得更親密了！這豈是電視電影能夠取代的？

尤其重要的是，幼小的孩子因為既有的生活經驗少，更能發揮想像力和創造力，這正是他們在未來世界最需要的能力。比爾蓋茲、馬雲、史蒂芬．史匹柏……哪個不是因為有天馬行空的創意而成功？

訓練孩子的專注力

跟孩子聊天，給孩子說故事，還有個好處，是訓練他們的專注力。

為什麼小學低年級，每堂課的時間都比較短？

因為小孩子的專注力無法持續太久，他們很快就會失去耐性。

如果你有將入小學的孩子，你要想想，過一年或過幾個月，他就會坐在課堂上聽老師講課了！他坐得住嗎？他能專心嗎？老師講的他能聽進去、記得牢嗎？

假使你沒把握，為什麼不從學前就開始，甚至從兩三歲的幼兒就開始，盯著他眼睛說故事、叮囑事情。打開故事書，指著裡面的圖畫，說完一頁、翻一頁。一方面讓他聽故事，發揮想像力，一方面訓練他的專注力。

孩子再大一點，你還可以指著書上的文字，一個字一個字地邊指邊說。使孩子一方面認識了字，一方面把「文字」與「聲音」結合在一起。進一步，他們會自己看書，一個字一個字地念（念不出用猜的，也很好）。好處是他們會把「死的文字」變成「活的意思」，這正是他們一生都要有的本領。

相對的，如果你只帶他玩，卻沒有早早對他說故事、帶他看圖說故事，他進入學校之後，很可能短期無法適應。說難聽一點：他可能因為注意力不集中而輸在起跑點。

大腦神經元的連結

對幼兒說話、跟幼兒互動，對孩子成長是非常重要的。近年來因為醫療科技的發展，像是正子斷層掃描（PET），更可以觀察腦裡的變化。科學家發現嬰兒生下來，腦細胞的連結是有限的。他們的腦海好像一片大空地，等著他在上面做城市規劃。

他們的可塑性是極高的，也可以說這個城市規劃有足夠的資金支援，只要哪裡需要，開馬路、鋪管線、挖下水道，小寶寶的腦海都能全力配合。

重要的是，你得早早啟發他，讓他知道他的城市該怎麼建設。如果你不能在他很小的時候，甚至兩三歲以前就幫他開發，時間過了，再去開馬路、鋪管線，恐怕就有些遲了。

正因此，他愈早接觸的語言學得愈快、口音愈對。錯過最好的學習時期，恐怕就事倍功半了。

問題是，為了讓孩子贏在起跑點，你有沒有常常跟他玩、跟他說、帶他看書、給他講枕邊故事。即使你沒空，也叮囑保母，多跟小孩互動？

抑或你只是早早就送他上才藝班？畫米老鼠？教他拼音和寫字？

今天先講到這兒，有關學習才藝，咱們下次討論。

第9堂

抓住寶寶最佳的學習時機

每個孩子都是語言和音樂的天才

我的三小姨子是學特殊教育的，許多「有問題」的小孩都被帶去找她諮詢。最近因為寫幼兒教育，我問她有什麼關於學齡前兒童學習才藝的個案。她說，曾經有一位過動症孩子的媽媽去找她，談到孩子學鋼琴好一陣子，都不專心練習，倒是有一天在外面聽到個曲子，回家就坐到鋼琴前面說要彈。

我的小姨子問她：「彈出來了嗎？」

那媽媽笑笑說：「彈是彈出來了，但是錯了好幾個音。」

我的小姨子又問：「那妳怎麼說。」

媽媽的笑聲沒了：「就說彈錯了啊！」

聽到這兒，我忍不住大喊一聲：「天哪！她居然這麼說？」

我的小姨子也講：「是啊！很多孩子的才藝，都因為大人不懂得發掘而被埋沒。」

發掘他，還是埋葬他？

當天晚上，小姨子就轉給我一個「美國國家地理頻道」的影片，片名是《神奇大腦——生為天才》，影片才開始就看到一個七八歲的小男孩在跟交響樂團合作演出。因為他太早就顯露音樂天才，引起許多專家的注意，在影片的訪問中，專家問是怎麼發現孩子的音樂天賦。媽媽還沒答，小男孩先說了，因為他兩歲時去參加一個派對，聽到〈瑪莉有隻小綿羊〉的旋律，回家就彈了出來。於是被媽媽發現，開始栽培。

這個叫余峻承的小男孩，現年二十歲，正在華盛頓大學音樂學院主修古典音樂，已經創作了上百首曲子，並且多次跟郎朗同台演出，被認為是未來的郎朗。

看完影片，我心想，如果余峻承回家彈〈瑪莉有隻小綿羊〉，媽媽沒有讚賞，甚至像前面說的那位媽媽，還澆盆冷水，結果會如何？

今天我要談學齡前兒童的才藝，雖然用天才兒童作開頭，但是先要強調：對兒童的才藝教育，不應該存有「秀」天才子女的想法。教小孩才藝，也不能以造就專業藝術家為目標。而應該是為激發他的大腦，讓孩子的潛能得以發揮，更為了讓他們愛藝術、愛生活、愛人生。

每個寶寶都是天才

雖然說不以發現天才為目的，其實也可以講，每個孩子天生就是藝術的天才。

看看襁褓中的小寶寶就知道了，當他躺在小床上，盯著床上面掛的電動小玩偶轉啊轉、聽到音樂的節奏，他們是不是自己就會手舞足蹈？

小寶寶的聽覺發展遠在視覺之前，他們在媽媽肚子裡不是能聽見媽媽的心跳嗎？那心跳就是節奏、就是音樂！

既然聽覺是最先成熟的，我們怎能不抓住機會，早早讓他們發揮呢？

你可以想像，那個剛生下的寶寶，閉著眼睛好像什麼都不懂，只是成天睡覺。其實他們像在媽媽肚子裡一樣，二十四小時都在偷偷聽，也偷偷學。

首先，他們在學說話，大人說的每句話都可能被寶寶吸收。我們是不是也就能抓住他們大腦最能「建構語言連結」的時候，給他們學習的機會？

讓孩子自然吸收多種語言

請注意！我講給寶寶「學習的機會」，並沒有說「強力灌輸」，因為強力灌輸可能有反效果，給他們機會就足夠了。

有些人好像天生就能通好幾種語言，絕大多數因為他們生長在多種語言的家庭。我在美國很多朋友都是跨國婚姻，譬如媽媽是中國人，總對寶寶說中文；爸爸是老美，只會說英語；外婆從大陸來美國幫著照顧孫兒，說的是廣東話，我到他們家去，發現最神的就是那個才三、四歲的小鬼了。

只見媽媽交代寶寶一件事，叫他轉告爸爸和外婆，小鬼立刻跑去對爸爸用英語說，對外婆用廣東話說，再跑回來對媽媽用中文講：「我都說了。」

雖然用三種不同語言，小鬼一點也不會弄混；雖然只有三四歲，對三種語言已經操縱得很熟練。

這還不稀奇，有些國家的孩子從小就非得接觸不同語言不可，像是馬來西亞的華人，除了家裡老一輩講的廣東、廣西、福建家鄉話，日常生活還得通馬來語、中文和英語。荷蘭人更複雜，我就在一頓飯的時間，聽一家荷蘭孩子把荷語、英語、法語、德語摻著講。

因為那些孩子是天才嗎？還是因為他們的環境，在最能學習語言時，給了他們機會？相對的，如果等到他們大了再學，能那麼輕鬆嗎？口音又能那樣純正嗎？

正因此，如果你問我學齡前的孩子可以學些什麼。首先我要建議讓他學語言！有些父母會責怪老人家跟孩子講家鄉話，或者家裡請了外勞，嚴禁外勞用他們自己本國的語言，其實都是不必要的，甚至不對的。

你想想！如果你請了菲律賓、印尼的移工，你們家夫人跟孩子說中文，移工跟寶寶說英語、印尼話，小寶寶上學之前已經能懂三種語言，多好！我見過太多了！許多中國人在美國公司工作，一直沒被重視，有一天公司要往中國發展，問有誰懂中文，那從小因為在家有機會講中文的，就一下子出頭了。

教孩子語言，是給他們的終身財富啊！

學音樂會幫助其他智能的成長

掌握孩子聽覺發展的黃金時期，你也可以教孩子音樂。各種研究都顯示，小寶寶從兩三歲就開始學音樂，並不嫌早。那時候他們的大腦神經元，正在建立網絡。如果他不斷接觸音樂，那神經元的連結就會建立得更好。相對的，如果他不接觸、不需要，有些原先就有的「通道」反而會被切斷，以後再學就嫌遲了。

學習樂器應該是最能開發大腦的。譬如彈鋼琴，他要看譜、看琴鍵、聽他彈出的音響，他的雙手十指都在運動，腳下還有踏板，可以說全身都在協調運作。我在前面說過，腦海像個城市，如果在建設城市的初期，就把那些管路鋪好，使整個城市的運作順暢，這城市當然會繁榮！許多研究都證實，學音樂非但有助於孩子在音樂領域的開發，而且對其他方面有幫助。

譬如北京大學的「認知神經學習實驗室」就曾經測試四十八個大學生，發現那些在七歲以前就接受音樂訓練的，腦部的開發明顯比一般人多，尤其是語言區和執行功能區。

更有研究發現拉小提琴的人，右腦比左腦明顯來得發達。因為右腦控制左手，而拉小提琴最需要技巧的正是按琴弦的左手。

人間處處有旋律

或許有人說，學音樂的孩子都是家庭富裕的。錯了！因為音樂無所不在。

記得我兒子小時候，家裡經濟還不寬裕，他去老師那裡彈完琴，回家沒琴可練，老師就給他一張印了琴鍵的紙條，放在桌子邊上，讓他當作鋼琴練習。

劉軒那時候也就三、四歲，居然一邊按著「假的琴鍵」，一邊嘴裡哼著那個音，也自得其樂。後來家裡經濟改善，買了鋼琴，他更珍惜，居然一路上去，考進紐約茱麗亞音樂學院先修班，到今天還在從事跟音樂有關的工作。

我後來常想，其實用假琴鍵也挺好，因為能夠發揮他的想像。

也記得我兒子五歲時的第二位鋼琴老師，除了教彈琴，也帶著一群孩子，光著腳在地板上跑。一邊跑，一邊教他們感覺腳下啪啪啪的節拍。那老師可以說把音樂、舞蹈和身心的節奏，都結合在一起。她讓孩子們愛上音樂，比什麼都重要。

所以，如果你的環境不夠寬裕，沒辦法讓孩子學樂器，千萬別氣餒，你可以教小寶寶拍手、跑動，聽音樂，感覺節拍和旋律。更可以帶著寶寶唱歌，高低抑揚地朗讀，開發他們與生俱來的心靈節奏。你甚至能教孩子聽風聲、聽水聲、聽竹韻松濤、聽鳥囀蟲鳴……。

最後，讓我再一次強調，人人天生就有藝術的才能，必須把握最佳的時機，把那潛能激發出來。讓他們覺得處處有可以學的語言，處處有美好的音樂，從來到世界的第一天，就感覺人生真美好！

第10堂

畫畫是兒童的另一種語言

讓寶寶用畫說故事

二〇一八年六月，我應邀去瀋陽的「魯迅美術學院」演講，一開始，我就說：「很多人奇怪為什麼我寫了那麼多文學作品，卻很少寫藝術評論，那是因為我覺得藝術創作很難論好壞，也很難說對錯。只要藝術家自己覺得好，覺得表現了他自己，就算全世界的人都不認同，那作品也是好。」

我這麼說，大家可能見仁見智，但如果是談兒童畫，則絕對正確了。因為兒童用他們純真的心靈，很直接地把他想畫的、想說的表現出來，只要他們高興，就是好。大人不該評論，也不能評論，不適當的評論可能產生反效果。

聽寶寶用畫說心事

我講「兒童把他們想說的表現出來」，是因為兒童畫雖然是畫，但也是語言。這正是兒童繪畫的優點，當寶寶小時候，許多東西還無法用語言表達，他們可能畫出來。舉個最明顯的例子，不是有很多對兒童「性侵」的案子，原先大人不知道，只因為兒童在畫上畫了大人不恰當的身體接觸，而被發現嗎？

兒童也用繪畫當作文字，這跟「象形文」的道理一樣，人類在早期沒有文字的時候，也是用畫的。漸漸把畫面簡化、統一、推廣，大家都使用，就成為通用的文字。

你家寶寶畫爸爸媽媽和他自己，可能都有大大的頭，小小的身子，有眼睛嘴巴，卻沒鼻子，有幾根好像鉛筆的手指和簡簡單單的頭髮。怎麼看都不像，他卻硬是指著其中一個說那是他自己、那是媽媽、那是爸爸。

這時候你要跟他辯，說他畫得不像嗎？要知道，他有他那麼畫的道理，那是從他心裡出來的。譬如他不畫鼻子，因為還沒覺得鼻子重要，他強調一根根手指，因為手很要緊。他畫媽媽大嘴巴，因為媽媽一天到晚在說他。你應該說他畫得真像，因為那才是你在他心裡真正的印象。

別干擾孩子的創意

能夠把最真正的印象表現出來多好啊！許多名畫家，畫得像兒童塗鴉，就因為他把心中的印象直接表現出來。當別人成長之後，受到干擾，有了障礙，畫出的東西愈來愈失去「真趣」的時候，能夠保留那份真，就是難能可貴。

所以看你家寶寶畫畫，你可以問這是誰啊？但是千萬別批評，以免干擾他純真的心靈，你的干擾，譬如你問他為什麼沒耳朵？為什麼有手指沒手掌？為什麼沒有腳趾？為什麼身體那麼小？下一次他改了，但那不見得是進步。如果你拿他的作品去參加比賽，評審又是兒童畫專家，很可能就因為你「還在學齡前」的孩子，畫出不屬於那個年齡的東西，有大人干擾的痕跡，而不能入選。

兒童的主觀表現

幼兒是充滿想像力的，他們會很主觀地去畫，譬如畫個游泳池，他先畫人，一個一個人，畫出整個身體，再用藍色在上面一直塗，把人蓋住，表示那是水，人在水裡游泳。而不是在水上畫「露出的人頭」。畫人坐在車裡也一樣，他心想的是「人坐在車裡」，就很可能畫出整個人，不會想到隔著車窗看到的只有乘客的上半身。

他們這麼想，就讓他們這樣畫，因為那才是他們心裡的真實。是「認知」的真實，不是「眼見」的真實。更不是大人看到的樣子，大人要尊重他們表達的方法。

兒童畫畫對說話和作文有幫助

兒童畫其實也是兒童說故事，或者稱得上是兒童寫的文章。不信，你叫一個四歲的寶寶，問他畫的是什麼，他很可能娓娓道來，譬如今天奶奶來我們家，帶我去公園，路上還看到隔壁的小朋友，還有兩隻狗……。有些孩子能指著自己的畫，說出令人驚訝的複雜情節，你說那是不是他寫的文章，說的故事？如果你突然要他說奶奶來的事，他可能說不完整，但是當他先畫出圖畫了，再說，就容易多了！

正因為兒童可以透過畫畫，把複雜的情節表現出來，所以兒童畫畫有助於組織他們的思想、建構完整的語言，這對他們說話和作文的能力大有幫助。

兒童畫可以加強記憶

兒童畫也可以增強兒童的記憶力。

譬如有一件事，他畫出來，你隔了很久，把畫拿出來，問他畫的是什麼，他八成想都不用想，立刻就能認出來。

過去他畫爸爸，頭上只畫三根毛，過兩年，他再畫爸爸，頭髮變多了，但是你拿他以前畫的「三毛爸爸」，他還會認得是爸爸。

這表示什麼？表示那個只有三根毛的，當時在他心裡代表爸爸，隔了幾年，就算跟他現在畫得不一樣，還是代表爸爸。

透過這種「圖像思考」的方法，可以幫助孩子記憶。近年發現很多學霸特別會讀書，都因為他們用了「圖像思考」，透過圖畫去記憶，甚至有人開班教授「圖像學習法」。

你還可以透過圖畫教孩子認漢字，譬如「安」字，上面是屋頂，屋裡有個女生，平平安安。教「莽」這個字，小孩一直記不住，但是你上面畫兩株草，下面畫兩株草，中間畫一隻狗（犬），一隻狗在草地跑，小孩馬上記住了。用圖像教漢字，可以把許多字變成圖畫、變成故事，比死記硬背好多了！

讓寶寶想怎麼畫就怎麼畫吧！

前面說了這麼多，如果你要我簡單地說怎樣教兒童畫，我的答案是：

第一，兒童畫只能引導。你可以給孩子蠟筆、鉛筆、「無毒又可以清理的水彩」和紙張，讓他們自己去發揮。他怎麼畫，你都要肯定；你可以不了解，但是不能否定；你可以讚美，絕不能責備。

第二，學齡前的孩子，還完全是「想像期」，不是「描寫期」，你可以叫他畫「我的家」、「我的爸爸」、「我的媽媽」、「我的小貓」、「我的小狗」，但是別要他對景寫生，就算要他畫窗外的風景和屋裡的擺飾，也不能要求他「畫得像」。

第三，千萬別叫他照抄或模仿。你可以說故事給他聽，譬如講白雪公主，然後告訴他可以畫白雪公主。但是記住：那是他的白雪公主、王子和七矮人，他怎麼畫都對，你不能批評，不能笑話，不能拿出白雪公主的圖畫書，教他照樣畫。更不必因為他畫得跟書上一樣就叫好。

你一叫好！就麻煩了！

因為每個孩子都會討好大人，你的肯定很可能影響他的創意。如果他畫某一類的東西，你必定叫好，很可能造成他以後專畫那一樣。他畫某種顏色，你特別讚賞，很可能他以後就總用那一色。

天馬行空的想像力和天外飛來的創造力是未來世界最需要的。想像期的孩子千萬不能勉強他提前進入描寫期。你希望他寫生寫得好，畫東西畫得像，應該是小學五年級（甚至初中）以後的事。

第四，兒童畫雖然稱為畫，你也可以引導他用不同方法表現，譬如用樹葉蘸顏色拓印，用牙刷蘸顏色彈動、用折皺的衛生紙蘸顏色拍染、先在紙上塗抹漿糊或膠水，再撒上沙。還可以把色彩滴在紙上，再將紙折起來之後打開，要寶寶發揮想像說那像什麼。或者用手指蘸顏料在紙上按出指印，再要他們在那些指印上加眼睛嘴巴，變成人臉。總歸一句話，你要讓寶寶感覺這世界上有無限的可能，讓他們發揮無限的創意。

最後我要說，你除了不拘束孩子，也要少干涉老師。很多老師不是不懂兒童畫，只因為想討好家長，而為孩子做很多「加工」，再送去比賽、爭取得獎。結果不但限制了孩子的創意，而且造成孩子的依賴性。

還有，如果你送學齡前的孩子去學兒童畫，他拿回來的是模仿畫的米老鼠、唐老鴨和白雪公主、虎克船長，畫得再好，你也別得意，更不值得四處秀。

而且，你大概可以考慮換老師了！

第11堂

給學齡前孩子健康的人格教育

如果霜淇淋掉在地上

最近有好幾位朋友建議我，談一談生第二胎的問題，因為據說當爸爸媽媽問孩子：「給你生個弟弟或妹妹好不好？」多半的孩子都會反對。有些父母就因為這樣，不生了。

這並不會令我驚訝，因為我兒子小時候也這樣，每當我問他再給他生個弟弟妹妹好不好，他都反對，正因此，我們一直沒生。直到他進高中，每天早出晚歸，家裡空了，才再問他。他居然改了，一翻白眼，還聳聳肩，說：「你們要生是你們的事，為什麼問我呢？」

正因此，他妹妹比他小了十七歲。

孩子會用大人的態度看世界

我後來常想，是不是因為他進了中學，受到美國同學的影響，所以改變想法。是啊！不知是不是文化差異，如果你問美國小孩，爸爸媽媽再生個貝比好不好？他們多半興奮極了，又叫又跳，還可能每天俯在媽媽肚子上問小貝比呢？

我女兒出生後，我兒子美國同學的反應也跟華人同學不一樣，洋孩子常會問劉軒：「你的貝比妹妹好嗎？多好啊！你這麼大了，還能有個貝比妹妹。」

相對的，華人孩子就不一定這麼問。尤其是中國朋友，常會壓低嗓音，小聲問我們夫妻：「兒子會不會吃醋啊？」

連我八十歲的老母，都會問孫子：「你吃味兒嗎？」

最後我得到一個結論，小孩不太有自己的看法，他們「看事情的態度」常常受到大人的影響。

譬如在美國很多「有色人種」，在學校裡被白人同學歧視，家長跑到學校去吵，找白人家長來溝通也沒什麼用，因為八成那些孩子的家長就歧視少數民族。搞不好，學校老師在骨子裡也有這問題，如果家長和老師不改，孩子當然會有偏見。

同樣的道理，在華人社會似乎有個心態，就是多生個孩子，會搶去父母對前面孩子的寵愛，甚至將來分去父母的財產。

他們怎不從另一個角度想，多一個兄弟姊妹，就是多一雙手足、多一個支持自己的人，讓自己不再孤獨。將來父母離世，還能由兄弟姊妹那裡得到親人的溫暖，從手足的相聚中重溫兒時的記憶？

人格形成的關鍵期

今天我說這些，是要談學齡前兒童的「人格教育」。

人格形成最關鍵的時期，是從出生到六歲之間，因為他們在這時候漸漸可以分辨是非。過去六年間，他是不是在愛的環境中長大，可能影響他未來會不會關愛別人。過去他聽到的都是「負面的語言」，可能造成他也用負面的言語說話。

讓我逐項分析人格教育的重點吧！

第一，要教孩子學習負責任，舉個例子，我有位朋友帶了四歲的孩子來我家作客，我太太帶他孩子去圖書館，參加那裡設的幼兒班。

幼兒班的種類很多，我女兒小時候就總是參加，六歲的孩子，有編書的課程，教孩子自己畫插圖，再裝訂起來，做成一本本書，讓孩子有成就感。

四、五歲的孩子有說故事班，老師拿著學習卡或圖書，給小朋友講故事。

更小的孩子有遊戲班，帶小朋友唱唱跳跳做遊戲，或者只是給他們各種有啟發性的玩具，讓他們自己玩。

我那朋友的寶寶聽不懂英語，又小，只好去遊戲班。下課回來，我太太偷偷對我說，她覺得好丟人，因為別的小孩在下課時，都會把玩具從地上撿起來，放回玩具箱。「我們帶去的小孩」卻什麼都不管，轉身就跑了。所幸從那天開始，我們教那孩子收玩具，隔周再去上課，表現就很好了。

教孩子自己拿玩具，自己收好；自己弄亂的東西，只要有能力收，就應該自己收，最起碼陪著大人一起收，不能撒手不管。

這就是負責任的態度！

知錯能改的孩子會被人讚美

再說個我們家的故事。

二〇一八年初，我們和兒子全家去澳大利亞度假，有一天晚上我帶著兩個孩子逛街，看到霜淇淋店，我就給七歲和五歲的孫女孫子，各買了一球霜淇淋，坐在門口的椅子上吃。

兩個孩子邊吃邊打鬧，突然孫女的霜淇淋掉在地上，小丫頭愣了一下，作出要哭的表情，又忍下來，坐在那兒沮喪地看弟弟吃。

這時候我說：「快去店裡，跟店員阿姨要一些餐巾紙，出來把地上的霜淇淋擦乾淨，免得滑又髒，乾了不好清理，還會害別人滑倒。」

小丫頭起先不太願意，說不知怎麼講，後來由她媽媽帶著進去，教她講，拿出來一疊紙，自己彎腰把地上擦乾淨，再走進店，把紙扔進垃圾箱。

出來的時候，小丫頭笑得好燦爛，因為她手裡又有了一球霜淇淋，是店員阿姨送她的。

對這件事，我很得意，因為藉機會教了孫女負責的態度，而且她自己弄髒、自己擦乾淨，更幸運的是店員給了她獎勵。你說，那個晚上，七歲的小丫頭是不是學到不少？

換作你會不會一巴掌打下去

我在報上看過一個更棒的例子，一位媽媽帶著五歲的兒子去銀行，裡面有抽號機，每個人進去先抽號，看到櫃檯上的燈顯示自己抽到的號碼，就去那個櫃檯辦事。

當天小男孩的媽媽抽了一張，轉身去填單子，回頭嚇一跳，只見她兒子手裡拿著好多張號碼牌。原來小鬼也學媽媽抽號，抽一張，機器吐一張，他就又抽一張，連續抽了好多。

那媽媽沒有大聲罵兒子，只是把小鬼帶到機器前面，解釋給他聽，為什麼抽號？如果他抽了，到時候叫到他抽的號碼，他手上那麼多號碼，他去不去？還有，他抽走了，別人怎麼辦？

接著他要小男孩就站在抽號機前面，手裡攥著號碼牌，只要有人去抽號，小男孩就拿一張給對方，媽媽則站在旁邊幫忙解說。

每個從小男孩手裡拿到號碼牌的人，都露出笑容，還說：「小弟弟好乖、好懂事！」

你說，那媽媽是不是也在孩子犯錯的時候，以最和平合理的方法機會教育，給孩子上了負責任的一課？

而且跟我孫女一樣，小男孩從錯誤中學習改正，又因為懂得改正，得到大人的嘉勉。

換作別的父母，會不會一巴掌打下去？

負責任，是學齡前兒童就該學的。負責任是為別人著想；負責任也是勇氣與擔當。該是你做的你就要做，是你造成的錯誤你就要勇於認錯，而且改正。

我愛貓咪，媽咪愛我

第二，人格形成的教育，還有「同理心」與「同情心」。

我的三小姨子最近說了個很好的例子，她兒子五、六歲的時候，從外面撿回一隻流浪貓，有一天小貓跳到她兒子的腿上睡著了。

小男生看見貓咪睡得很熟，不敢動，唯恐吵醒了貓咪，連有尿都憋著。小貓總算自己跳了下去，小男生先跑去上廁所，接著回來對媽媽說：「現在我懂了，那次在飛機上，我躺在妳腿上睡著了，妳不敢動的感覺。」

蟬寶寶也會想念爸爸媽媽

我女兒也一樣，差不多兩三歲的時候，有一天奶奶在院子裡捉到一隻蟬，放在塑膠杯子裡，再蓋上保鮮膜，交給小孩當玩具。

小丫頭得意極了，拿著杯子不斷搖，蟬就不斷叫，叫了一下午。我要女兒把蟬放掉，小丫頭想都沒想，就很堅決地說：「不放！是奶奶給我的，是我的！」

這時候我換了個方法，對女兒說：「妳如果到朋友家玩，天晚了，妳會不會想家？想爸爸媽媽？」

小丫頭說：「當然會想！」

我又問：「爸爸媽媽會不會想妳呢？」

小丫頭又點頭。

我再問：「這蟬寶寶也有家，牠會不會想家，想牠的爸爸媽媽？牠爸爸媽媽會不會想牠？天晚了，寶寶為什麼還沒回家？」

小丫頭歪著頭，眼睛轉了轉，就跟我一起打開門，走到院子裡，把蟬放了。

可以說，她那一天在蟬的身上想到自己，如同她的表弟，從一隻流浪貓的身上，想到他自己的經驗和媽媽的情懷。他們把愛擴大了，有了慈悲心、感恩心。

啟發孩子的慈悲心、感恩心、同理心、同情心，對人格形成是非常重要的。當一個孩子能從愛自己，擴大到愛家人、愛萬物，會讓他的生命更充實、人格成長更健康。

學齡前兒童的人格形成教育，今天先講到這兒，下次繼續。

第12堂

教孩子遵守遊戲規則

天底下不是只有你最大

對學齡前孩子的人格教育，最重要的一項是要建立他們守法的觀念。

各位乍聽，可能心想：天哪！才幾歲的寶寶，而且是學齡前，沒進學校呢！有這麼嚴重嗎？

要知道，正因為是學齡前，所以更要先教他們守法，他們在未進學校之前，常常是自己一個人，但是進小學之後，就會有一群同學。如果自己一個人自私自利，小霸王作慣了，進學校之後怎麼跟別人相處？如果不能合群，甚至因此被同學排斥，會造成孩子很大的問題。

每個小寶寶都是自私的

首先我們要知道，人天生都是自私的，自私的人能夠跟大家相處，是因為他會自制。小寶寶不是生下來就能自制，因為自私是他們生存的本能。

你注意看，是不是剛生下的小寶寶，才開始吃奶，就表現了佔有欲，他吃著媽媽的一隻奶，另一隻手可也不閒著。他做什麼？他伸出另一隻手，抓著媽媽的另一隻奶。

即使寶寶吃奶瓶也一樣，他沒另一隻奶可以抓，就可能摸枕頭尖尖、棉被尖尖，甚至什麼都沒得摸的時候，會摸領子尖尖、或者他自己的耳垂。有時候大人要把他的小被拿去洗，寶寶還可能哭著搶著，不讓洗，你對他說：「臭死了！」他還可能說是香香的，媽媽的味道。

等到他們三、四歲了，可能有一天你找不到他，發現他把玩具盒子、甚至小腳踏車堆起來，好像圍個城堡，自己躲在其中。你過去看他，對他說：「不要窩在黑黑的地方，有灰塵，快出來！」他會鬼叫：「你別過來！你別過來！這是我的家！你把我的牆弄壞了！」

說句笑話，他們是在爸爸媽媽的家裡，另外蓋了個小小的違章建築。連學齡後、比較大的孩子都有這種「自立門戶」的傾向。很多孩子如果條件許可，會要求大人為他們在樹上蓋個「樹屋」；家裡有閣樓的孩子，可能愛躲進閣樓，認為那是他們的私有天地。還有些孩子會在院子搭帳篷，整夜睡在裡面，覺得比他的臥室自在。

他們為什麼這樣表現？因為他們從生下來，就有一種本能：一步步離開父母。他們要佔有媽媽的乳房、要佔有小閣樓、要蓋小城堡，因為他們要走向獨立。他們要吃要喝，甚至用搶的，用霸佔的，因為他們急著長大。

我們要諒解他們的自私，因為這是生存的本能。

你的也是我的

問題也就出在這兒了！為什麼我們常見小寶寶們搶玩具，甚至因此拉拉扯扯，打架哭鬧？

因為他們自私，而且不知自制。他們太小，沒有「物權」的觀念。說簡單一點，他覺得每樣東西都是他的：「我的是我的，你的也是我的。」

這時候我們當然要教育他，甚至從寶寶很小的時候就得教。只要他搶別人的東西，就一邊阻止，一邊告訴他「那是屬於別人的，不是他的」。起初小寶寶可能聽不懂，但是從他聽不懂的時候就得教，漸漸他自然會懂，而不能在一開始的時候縱容。（很小的孩子，可能對於「你我他」這些代名詞分不清，為了讓他聽懂，你可以說名字，譬如：「大毛有大毛的，不是小寶的；小寶有小寶的，不是大毛的。」）

進一步，你可以說：「因為那個玩具是大毛的，是大毛媽媽買給大毛的，所以小寶不能搶，但是小寶可以向大毛借，如果大毛願意，小寶就可以玩一下，再還給大毛。」（為了讓孩子聽得懂，你可以一邊說，一邊比手勢，說到大毛，就把手勢比向大毛。說到小寶，就比向小寶。）

相對的，你也要教自己的孩子：「小寶也可以把小寶的玩具借給大毛玩一玩啊！」

現在是不是有來有往，有了公平、有了互惠、有了交誼？這種由起初的自私，到自制，到互惠，不是我們一生都在做的事嗎？

別寵出一個小霸王

這時候，還有一點要注意，就是當你說：「那是大毛媽媽買給大毛的，屬於大毛，小寶的玩具是我買給小寶的，屬於小寶。」千萬別接著加一句：「如果小寶要，改天媽媽給小寶買。」

這是很多父母哄孩子的時候會說的，問題是，你說你要買給他，你後來真會買嗎？你不買就是失信！

還有，當你的孩子每次跟別人搶玩具，你就給他買，會不會造成他心裡有個聯想：「我不搶，因為我媽媽會買。」這下子就模糊焦點了，你真正應該教孩子的是，「那是大毛的，不是小寶的，小寶不能搶」，不是「小寶別搶，媽媽回頭就給小寶買」。

如果你寵孩子，他搶玩具車，你就給他買玩具車；他搶小腳踏車，你就買小腳踏車，有一天他看上別人的豪車，你要怎樣？

就算你財力夠，也給他買？你是滿足了自己和孩子的虛榮心，也寵壞了孩子啊！

給孩子人格教育的第一步，就是不能讓他隨心所欲、予取予求，不能他要什麼就給什麼，甚至只要他哭鬧，就有。

所以當你帶孩子去玩具店，孩子賴著不走的時候，就算你疼孩子，多少樣都買得起，也不能都給他買。甚至你要故意不給他買，譬如說：「這麼多樣，你只能挑一件，我同意，才給你買。」再不然講：「你哪件事情做得好，讓我滿意，下次就買給你。」

各位想想，單單買玩具這麼一件事，孩子能學到多少？這都是最重要的人格教育啊！

既然要遊戲就得遵守遊戲規則

守法，也表現在遊戲當中。

每個寶寶從很小的時候就會遊戲，因為遊戲是學習成長最好的方法。舉個例子，寶寶還躺在小床上，不會走，甚至不會爬，你站在他床前，拿東西遮住自己的臉，再把東西移開，逗他一聲：「哇！」寶寶是不是會笑？這是最簡單的互動遊戲。

他大一點，會走了，你把球交給他，叫他扔進籃子。他扔進了，是不是會很得意？這是讓他有成就感的遊戲。

再大一點，你把小瓶子放在地上，叫他拿球滾過去，把瓶子打倒，你也滾，跟他比賽，當你沒打到，他打到了，他是不是很興奮？這是輸贏的遊戲。

問題是，當你打到瓶子，他沒打到，他會不會生氣？他輸了會不會哭？他會不會把球搶過去，要多扔幾次？如果扔不到，他會不會發脾氣、耍賴，甚至把瓶子踢倒？

遊戲，就有遊戲規則，這時候你必須教他遵守遊戲規則。

認贏也要認輸

對於非常幼小的孩子，你剛開始的時候，或許可以放水，讓他贏幾次，但是絕不能讓他知道你放了水，也不能一直放水下去。否則會造成小孩不講理，甚至不想自己努力，只想別人「讓利」，變得沒出息。

比賽常常有獎品，下棋也會吃下彼此的棋子。既然比賽有規則，事先大家講好的，就得教孩子有得就有失的道理。

也可以說，你一方面讓孩子有贏的快樂，也要教他有輸的風度。他要認贏，也要認輸。

我兒子小時候，我就常跟他比賽丟球，譬如丟十球，看誰進得多。我們的獎品是，輸的人要立正，對贏的人說「你是真功夫」三次。（有時候甚至要說到十次。）

我兒子起初輸球，都說得心不甘情不願，甚至因為態度不好被我罵。但是當他贏的時候，我都立正，向著他，大聲說「你是真功夫」的時候，他漸漸就不會輸不起了。

所有跟小孩子玩的遊戲，都要讓他們有贏有輸。如果他一直輸，可能他的能力還不夠，那個遊戲可以等他大一點再玩，否則會打擊他的自信心。

相對的，如果他總是贏，也沒意思，反而會讓他驕傲。

有輸有贏對孩子才有挑戰，能激發他們的潛能，也才能訓練他們自制的能力，知道天底下不是「他最大」。

說到這兒，我特別要叮囑那些寵孩子的爸爸媽媽、祖父祖母，雖然你們家的孩子還小，可能只有三四歲、四五歲，但是永遠要教他自制，教他遵守遊戲規則，只有這樣，他入學之後才比較能夠融入團體。

如果你是學校老師，發現進來的孩子自私自利、無法無天，只知有自己，不知有別人的時候，你除了教孩子，更得教他們的家長。

第13堂

對孩子生活習慣的嚴格調教

沒戴安全帽就不能玩滑板

不久前我的孫女在玩滑板的時候，把胳臂摔斷了，石膏足足打了一個多月。不過大家都說很走運，幸虧她戴了頭盔，因為當時我孫女從一個斜坡往下滑，速度很快，加上地面有凹洞，造成她滑倒，如果不是頭盔保護，除了骨折，非腦震盪不可。

沒戴安全帽就別溜冰

我說這個故事，是要繼續談學齡前兒童有關守法的教育。既然是法，就必須遵守。即使對很小的孩子，我們都要堅持一些事，尤其是關乎他們安全的。譬如騎腳踏車、玩滑板、溜冰，都必須戴護具。這是法，大人必須嚴格執行。舉個例子，你帶孩子去公園溜滑板，說好到公園遊樂場才能溜，就不能一路溜去。大人或者小孩就必須自己抱著滑板，到了適當的地點，才下去溜。就算到了遊樂場，可以溜了，發現忘了戴護具，雖然已經到了，而且可能已經走了很長一段路，大人也必須執法：因為我們忘了戴頭盔，所以來了也不能溜。

請不要覺得我沒有彈性，不近人情。要知道不近人情是為了人情，嚴格執法是為了安全。還有一點，你要讓孩子從小就養成「遵守安全規則」的習慣。

不綁安全帶，就不帶你出去

再舉個常見的例子，為了安全，小孩子在到達一定高度之前，在車上都得坐安全椅、綁安全帶。是不是有些孩子很排斥坐安全椅，就算勉強坐上去，也不願意繫安全帶？甚至為了這個又哭又鬧？

他一哭鬧，你就妥協了嗎？你認為只要大人抱著就安全了嗎？我曾經看過一個影片，大人就算用盡力氣，抱緊一個像小孩的東西，當車子撞上前面，那緊緊抱著的東西都會飛出去。

所以為了孩子的安全，也為了避免大人的遺憾，更為了從小灌輸遵守安全規則的觀念，孩子怎麼抗拒坐安全椅，只要你有這個設備，就必須堅持：「否則，不帶你出去！」

綁安全帶也一樣啊！現在幾乎每個國家都規定前座必須繫安全帶，有的地方甚至連後座都必須繫安全帶，否則受罰。

既然有法，就要遵守！如果你上車一定先繫安全帶，孩子看在眼裡，時間久了，自然覺得那是不必想也得做的事。

多少悲劇都在馬路上發生

訓練孩子守法，最常遇到的情況是過馬路、看紅綠燈。為了示範給孩子看，就算你以前不太遵守交通信號，帶小孩走在街上，遇到紅燈也必須停下來。而且從孩子小，就要教他：「現在是黃燈了，不能衝了！」、「現在是紅燈，絕對不能闖紅燈，必須停下來等，等到變成綠色，才能走。」

有時候即使變成綠燈，你都得教孩子，不能一見燈變綠了，就立刻往前衝，因為很可能有搶黃燈的車子，正高速衝過來。

問題是，當路上根本沒有來車，而你帶孩子碰上紅燈的時候怎麼辦？

只要你們不趕時間，就得乖乖地等綠燈。

按說我應該講，無論如何，就算你急死了，兩邊完全沒有車子，而且別人都過去了，你也不能走。

但凡事都得有變通的時候，如果你帶孩子趕時間，四周完全沒有車子的情況下，或許你可以先告訴孩子：「當你向左看、向右看，確定完全沒有車子，而你又有急事，非快點過去不可的時候，你可以過。」

請不要罵我雙重標準。這是我跟一群專家討論的結果：為了你孩子的安全，你除了要教他守法，還得教他變通。否則可能有一天孩子急得不得了，又碰上紅燈，大家都不遵守交通信號，穿越馬路，你的孩子站在路邊猶豫又猶豫，終於忍不住地衝過去。「砰！」因為他最慢，反而被撞了！

而且路上不是都有紅綠燈，碰上沒有標誌的時候怎麼辦？當然他要學著判斷！

走在路上的好習慣

除了過馬路，很多孩子喜歡在馬路上跑，也是要小心的。第一，你要教他尊重其他行人，告訴他亂跑亂衝會影響別人。第二，你要告訴他，就算在不影響別人的情況下，他要跑幾步，也必須在路口之前停下來，更不能由人行道一下子跑上馬路。只要有紅綠燈，寧可繞路多走幾步，也得從斑馬線過。他甚至不能走在太靠近馬路的地方，以免快速馳來的車子造成危險。如同地鐵車站標示的，當列車入站的時候，必須站在離月臺邊緣多少距離之外。

孩子上下車也要注意，許多小孩看到車來，就興奮地往前衝，下車之後也不看四周，直接衝下車。這些舉動都很危險，必須從孩子很小的時候就教：「先看清四周，再上車、下車！」

排隊是基本的教養

排隊更是必須要教的。你可以問孩子，如果他排了半天隊，有別人插隊進來，他會不會不高興？「己所不欲，勿施於人。」他不喜歡別人插隊，所以他也不能插隊。

我們常常可以由一國人民排隊的情況，推想他們的法治教育和國民素質。排隊的好習慣，是必須從小訓練的。

丟垃圾的好習慣

由丟垃圾的態度，也可以看出國民素質。

我最記得我女兒十七歲的時候，我帶她去貴州山區，探望一個眼疾的小朋友。主人切了西瓜招待大家，我女兒把西瓜子吐在手裡，攥著半天，不斷問「可以扔到哪裡？」那家主人一笑說：「你看，滿地都是瓜子，吐在地上就成了啊！」但是我女兒堅持，非找到垃圾桶不可。

還有一回，我帶她去長城，下山之後看見賣土產的攤子，她吃了幾個果子，也攥著果皮，不知怎麼辦。當攤販笑：「妳沒看到地上都是果皮嗎？」我女兒說：「別人扔是別人的事，我就不隨便扔。」

我女兒的這種表現，是從小訓練的。那時候大陸還不很講求，但是近幾年大不同了，許多地方，不但有跟環境搭配的垃圾桶，而且分類。這是個非常好的教育機會，當大人帶孩子走到垃圾桶前面，可以教孩子：「什麼東西能夠回收？將來再利用，避免浪費？」然後要孩子自己想，他手裡的垃圾該扔進哪個箱子，再叫他自己把垃圾放進去。單單這麼一件小事，就教導了孩子環保、惜物，同時讓他自己思考、自己完成。

有規矩的好處

要孩子守法、守規矩，就一定要嚴格執法。因為許多規矩是要養成的，「不以規矩不能成方圓」，「規」和「矩」是畫圖的工具，也是一種限制。沒有規的限制和引導，你就畫不出很好的圓。沒有矩的限制和引導，你就畫不出準確的方。

當孩子懂得守法守規矩和遵守遊戲規則之後，有個很大的好處，是使他更容易被管教。

舉個例子，今天你帶小孩上街，等紅綠燈、過馬路、排隊上車、依序下車，再走到朋友家，讓你的孩子跟那家的小朋友玩。這時候，你先說：「咱們五點必須離開」，然後告訴他鐘上的長針指到十二，短針指到五的時候，就是五點，必須走。而且在走之前，要幫小朋友把玩具都收好，把吃完零食的袋子和盒子拿去垃圾桶。然後爸爸會開車來接，上車之後要乖乖坐安全座椅、綁安全帶。

這一連串的行為，不都是規矩？有一定的「法」可以遵守嗎？

當你家寶寶從很小就養成守法、守規矩的習慣，而且因為你堅持原則、執法嚴明，知道不能跟大人耍賴，不能討價還價的時候，是不是一切都會進行得很順利？這就是人格養成教育的良好結果！

對了！最後我要補充一點，剛才一開始，我說孫女摔斷了手臂，是因為從一個斜坡往下溜滑板。說實話，她雖然戴了安全帽，還是犯了個錯，就是在不適合玩耍的地方玩耍，還沒到公園的遊樂場，已經迫不及待地把滑板放下，開始順坡溜。

這是孩子的錯，也是大人的疏忽。

第14堂

幼兒能不能看電視

電視卡通！哄娃神器

以前小孩子都不喜歡跟大人去吃酒席，有些孩子一聽說要帶他們出去應酬就哭。為什麼？因為吃酒席時間太長，讓他們覺得無聊、受不了。

但是現在不同了，你帶小孩去，他吵鬧，你只要拿出個平板電腦或手機，設定小孩喜歡的節目，他們就乖溜溜地黏在螢幕前面了。

哄娃神器家家有

電視螢幕實在是神奇的東西。我最有感觸的是有一回跟兒子全家出遊，才上車，兩個小鬼就又哭又鬧，令我頭疼。這時候我兒媳婦說「簡單！」接著按了一個鈕，兩個小鬼就安靜了。

原來在他們前面的椅背上有個小螢幕，兒媳婦按個鈕，播出他們愛看的節目，自然就不吵了！

電視可以控制小孩，但是也引起很大的爭議。小寶寶從多大可以看電視？一次可以看多久？會不會傷到他們的眼睛？會不會造成以後學習的問題？相信這都是父母關心的問題。今天咱們就來談談小孩看電視吧！

這是個電子的時代

打電動不盡然是壞事。許多實驗證明，打電動可以訓練反應，很多空軍基地就設置電動遊戲機，因為而今的電動不只是按鈕發射，旁邊有許多資訊，要一邊打一邊注意，前面雷達發現了什麼？機艙裡的彈藥是不是需要補充？附近有什麼地形和掩體可以利用？都跟空軍戰鬥機駕駛面罩裡顯示的很像。

會打電動的人，據說也比較能操作搖控的機械，譬如用內視鏡動手術的「達文西手術機器人」。技術熟練的醫生能夠透過螢幕，去做複雜的手術。

問題是，無論飛行員或外科醫生，都是成年以後的事，打電動對比較大的孩子和對比較小的寶寶，可能影響大不相同。

電視可能造成的傷害

今天我們還在談學齡前兒童的教育，所以讓我集中討論六歲以前的孩子。

首先是看電視對兒童的視力會不會有壞的影響？

相信絕大多數的人會說有害，事實上也有害，但那是孩子靠得太近，看得太久，和在黑暗的地方盯著小螢幕看造成的。當四周都是黑的，只有一個小螢幕發亮，不但落在視網膜上的光點很集中，而且每當眼睛看向黑暗的四周，瞳孔會放大，接著回到很亮的螢幕，瞳孔又縮小，如此反反覆覆，眼睛容易疲勞。但是如果控制孩子看電視的時間，不讓他們眼睛過勞，同時注意看電視的距離和燈光，電視對眼睛的影響是有限的。

其次是寶寶從多大可以看電視？四十年前小孩四歲開始看電視，現在寶寶四個月就開始看。四歲沒問題，四個月可就有問題了！不但有問題，而且問題大了！

因為三歲以前，是兒童大腦快速發育的時期。為了適應外面的環境，寶寶從出生，他們的腦就必須快速發育，以神奇的速度生長。僅僅兩歲的寶寶，他們的大腦就足足比初生寶寶的重了三倍。也就在這期間，大腦神經元的連結會快速發展，建立起綿密的網絡。

他們怎麼建立？

他們看生活的需要來建立！

這麼說恐怕還不容易懂，咱們換個比喻：小寶寶出生的時候，因為要通過狹窄的產道，頭不能太大，腦也不可能太大。但是既然到了這個世界，就得快快適應。出生的時候好像只有小小一間房子，為了儲存更多東西，短短兩年間得加建成三倍大。問題是，裡面要怎麼設計隔間？水電管線要怎麼拉？只能看當時的需要來做。

也可以說小寶寶腦裡的「設計規劃」，是為了配合需求而量身訂做的。一個從小就在鄉野跑的孩子，跟在城市街頭串的孩子，腦的發展會不一樣；從小聽古典音樂或熱門音樂，也可能造成腦裡的差異。

這下麻煩了！三歲到二十歲，大腦雖然還會發育，但是成長得非常有限。如果小寶寶三歲之前接觸的東西跟十幾歲以後很不一樣，他原先的設計規劃可能變得不適用啊！

為了避免這個問題，我們必須非常注意幼兒在三歲以前接觸到的東西，好比在他們加建房子的時候，不要送給他們很奇怪的東西，免得他們為了配合存放這些東西，而把房間設計得怪怪的，以後要改都難。

電視跟真正的生活差異

其中最顯著就是電視的影響。

首先，小寶寶看電視節目跟玩耍是不一樣的。因為電視節目是現成的，放什麼，孩子看什麼。而且給小孩看的節目，多半以動作為主，對白很少。所以有研究顯示，看電視長大的寶寶可能學到的詞彙比較少。

第二點，電視是平面的，就算3D電視，也不等於實際的生活。舉個例子，小寶寶看電視裡搭積木，就不等於他自己搭積木。因為他自己搭，必須親手拿積木，可以搭好又拆，或者垮了重建，又能從每個角度去看積木，感覺是大不同的。

第三點，電視節目的節奏，多半不等於現實生活的節奏。因為電視經過剪接，東西不連貫，而且常為了吸引觀眾，把節奏放得很快，聲音放得很大。

當一個小寶寶從小就盯著電視上瞬息萬變、跳來跳去的畫面看，回到現實社會，會有不適應的問題。

舉個例子，他在電視裡看到的馬，都是千里神駒，甚至長了翅膀的飛馬。當他習慣了那種畫面，有一天看到真的馬，雖然先會感覺新鮮，但是過不久就可能覺得真馬不夠精彩，而失去興趣。在課堂上，因為老師教學不如電視節目般精彩刺激，孩子也容易分心。

幼時多看電視會影響以後的注意力

美國西雅圖兒童健康行為及發展中心主任Dr. Dimitri A. Christakis曾經發表研究報告：兒童在三歲之前看愈多電視，七歲之後愈可能有注意力不集中的問題。因為他們的腦已經適應快速的節奏和聲光變化，一般生活的場景，和課堂上比較靜態的東西，不容易吸引他們。他甚至統計出三歲之前每天平均看一小時電視，七歲時的注意力可能減損百分之十。

問題是，我們是不是就要全面禁止三、四歲之前的幼兒看電視了呢？對於多半的家庭，這是不容易辦到的啊！很多父母根本就用電視當作「哄娃神器」，大人一忙，就把電視打開。小寶寶也從剛會走路，就可能盯著電視看《瑪莉有隻小綿羊》，這要怎麼辦呢？

很簡單！既然三歲以前是建立腦神經元連結的重要階段，就別讓他們接觸聲光變化太強的節目，我們可以給他們看些慢節奏的東西。尤其是跟日常生活息息相關，由真人演出的東西。即使看卡通，也可以選《芝麻街》和《小熊維尼》那樣節奏比較慢、而且有教育性的東西。我自己就發現，好幾次孫子說出稀有動物的名稱，都是從電視教學節目裡學到的。

讓孩子自己把電視關上

讓孩子看電視，還有個重要的原則，就是該停的時候就得停。

相信這是很多人家常見的場面：要吃飯了，大人們已經坐在桌前，小鬼還在客廳盯著電視不上桌，非等大人責備，或者把搖控器搶過來，把他們的電視關掉不可。不過我建議讓小孩自己關，既然是他們開的，就得由他們關，再捨不得也得關。而且嚴格執行，今天不遵守，明天就不准看電視。

最後作個結論，我認為幼兒可以看電視，但是三歲之前要少看，而且不能看聲光強烈的東西。

三歲以後也要節制，看電視的時間不可多於跟父母互動的時間。大人還得盡量帶孩子閱讀、玩遊戲、聊天，讓孩子覺得那跟看電視一樣有意思，甚至更喜歡這些溫馨互動的時刻。只有這樣，將來他才不會完全無自制力地被電動吸引、跟現實脫節，甚至沉迷電動遊戲，不能自拔。

第15堂

教孩子放長線釣大魚

培養孩子自制的能力

我的三小姨子是高齡產婦，四十三歲生了個怪咖兒子，這小孩很難管，上課上一半，他會突然站起來在教室裡四處走動；老師教一半，他會突然插嘴，跟老師表示不同的意見，所以在學校裡是個讓老師頭痛，甚至被同學排斥的人物。幸虧他有個學特殊教育的媽媽。（當然我也猜，正因為這孩子特殊，使他媽媽後來不得不去進修，成為這方面的專家。）

在校自學的怪咖

因為孩子是班上令人頭痛的人物，我小姨子居然去跟學校談，請學校給他兒子另外找個地方，語文、英文、數學、物理、化學五科全不用進教室上課，而讓他一個人在那裡自學。據說這是全臺灣唯一一個「在校」卻「自學」的學生。

當時，有些老師不同意，拿出孩子的成績單，指著上面的成績對我小姨子說：「妳看看這成績，很一般，怎麼能自學？」經過我小姨子再三請求，才勉強同意。

兩年在校自學結束，各位猜猜結果如何。

這孩子居然以全校第一高分，考取第一志願——臺灣大學的物理系，而且以高分獲得荷蘭萊頓大學物理系的入學許可。後來他選擇進臺大，據說現在二年級的他如魚得水，因為系裡面一大票同學也是「怪咖」。

這件事證明，每個孩子不一樣，要用不同的方法教。

等一下很好用

有一天，我問我小姨子怎麼教她的「怪咖」兒子，她對兒子最常說的一句話是什麼。

我小姨子說：「等一下！」
我等，等了半天，她還沒說，就再問一次。
她又說：「等一下！」
原來她最常對兒子說的一句話就是「等一下」。
於是我們討論「等一下」的道理，我發現「等一下」對每個孩子都是很重要的。

延宕滿足的實驗

首先，在心理學有所謂「延宕滿足」，這個非常著名的「棉花糖實驗」（The Marshmallow Test），是由美國史丹佛大學心理學的教授華特．蜜雪兒（Walter Mischel）在一九六〇年代設計的。
他給一群學齡前的小孩，每人一個棉花糖，對小孩說，你可以馬上把糖吃掉，也可以等，等我出去十五分鐘回來之後再吃。如果你們能等，到時候我會再多給你們每人一顆糖。
有些小孩迫不及待地把手裡的糖吃掉！也有些小孩用各種方法，壓制自己要吃的衝動，譬如不去看糖，裝睡、唱歌，或者把眼睛遮住，硬是忍著不吃，等大人回來，好多獲得一顆糖。
華特．蜜雪兒的團隊，用接下來十幾年，持續追蹤那些孩子，發現能夠「等一下再吃」

的孩子，長大之後，不論在學業和工作上的表現，都比「立刻吃下」的孩子強得多。他們學術水準測驗考試（SAT）的成績更高、更能壓制自己的欲望、深思熟慮、忍受挫折並且抗拒誘惑。

這就是「延宕滿足」！「我可以滿足你，但不是現在，而要你等一下」、「你為了得到更好的成果，必須壓制自己，等一下！」

寶寶必須學習忍耐

前面我曾經提到，當嬰兒啼哭的時候，大人可以觀察寶寶的需要，但是不一定要立刻滿足寶寶。有時候，甚至可以「等一下」再去管寶寶。如果寶寶一哭，你立刻抱他、餵他，可能造成他認為「哭可以立刻換來大人的疼愛」。這裡的「等一下」，已經是對小寶寶的訓練。

當孩子大些，你更要常常讓他等一下。當他從外面回家，急著要看電視，或要吃東西，你叫他等一下，先去洗手。當他要你幫他什麼事，你要他等一下，而且跟他講理，說：「媽媽去準備，你不要急，等一下！」如果他因此大哭大鬧，你就更要叫他「等一下」！

為以後著想的等一下

帶孩子出去遊玩，你事先叮囑：「現在旁邊有廁所，你最好去上一下，否則等一下就沒有廁所了，如果你非上不可，會很麻煩。」

這個「等一下」，是告訴他要往後面想一想，也可以說是要早早考慮，事先做防範。

如果小孩不聽，後來突然要尿尿，你又得叫他「等一下」，等爸爸媽媽為你找地方，不能隨地小便。前面這兩個「等一下」，一個是為未來著想，一個是當下要自制。

等一下才能吃甜點

更深一層的等一下，是教孩子優先順序。譬如吃飯的時候，桌上也擺了甜點，小孩一上桌就伸手抓甜點，你告訴他「等一下」，等把正餐吃完了，再吃甜點，甜點要「等一下再吃！」

小孩鬧，你也不能妥協，非等他吃完正餐，才能吃甜點。你可以乾脆把甜點拿走，甚至因為他鬧，根本不給吃甜點了！

這麼做，因為你要訓練他自制和計畫的能力。

計畫自己的時間

你也可以教孩子「等一下」，想想哪件事先做、哪件事後做，或者等一下一起做。譬如吃完飯了，小孩正要把碗拿去廚房，你對他說：「等一下！等爺爺那口飯吃完，你可以把爺爺的碗一起拿過去。」

或者當小孩要去幼稚園的時候，你告訴他：「等一下！媽媽有個東西，請你順便交給老師。放學之後，不要急著跑，你要等一下，去問老師能不能幫你簽名。」

對大一點的孩子，你甚至可以教他計畫一系列的事情。譬如你帶他放學回家，看到郵差送來幾封信，有孩子的兒童讀物、家裡的帳單，也有奶奶的信。孩子急著要拆他的兒童讀物，這時候你叫他：「等一下！先把書包放下來，把奶奶的信送去奶奶房間，再把帳單放在媽媽的書桌上，再看你自己的。」

不要認為這沒什麼道理。要知道如果你能教孩子從小就有計畫，凡事有順序，一步步去完成，對他未來會很有幫助。

＝媽媽爸爸也可以等一下＝

「等一下」也是安撫小孩的一種方法。

舉個例子，當你帶孩子去朋友家玩，到時候，你要帶他走了，他跟朋友的小孩玩得正開心。這時候你非要他立刻走，他八成會吵鬧，你可以用個方法，就是：「好！我等你一下，讓你多玩十分鐘。你自己看著鐘，長針指到二，我們就得走。」

說實話，小孩對時間不太有概念，這時候，他看你妥協了，讓他多玩十分鐘，八成會很開心，不吵了，繼續去玩。但是當他答應你「等一下」，你已經給了他特別的通融，對他讓步，等他一下，當長針指到二，你再叫他，他就不能再抗拒（如果抗拒，絕不能妥協）。

所以「等一下」也是緩兵之計，而且孩子愈著急，愈不願意等待，或者愈是衝動的時候，你愈要叫他等一下。

等一下，你好好想

「等一下！你先別急！你先想想你這麼要求對不對？你先想想你的身高不夠，不讓你坐雲霄飛車，是為什麼？是為了你的安全啊！如果你硬是坐上去，因為你個子太小，安全帶綁不住，飛到半路，把你扔出去了，怎麼辦？所以你要等一下，等一下哥哥上去玩完，我們再去找下一個你可以玩的。而且等你明年再大一點，夠高了，就可以玩了。」可以說，等一下，是教孩子等待，等時機成熟了。也是教孩子冷靜，細細想想自己有沒有道理？等一下還是教孩子「這世上不是只有一條路、一種選擇。你可以等一下，找另外的一條路」。

各位想想，如果孩子從小就知道自制，就知道計畫，就知道用時間換取空間、用時間換取更好的回報，甚至就知道可以等一下把事情集中了，再一起完成，是不是更能事半功倍！

說話要算話

「等一下」確實是教小孩的好方法。但是有個原則，就是大人要有信用，好比「曾子殺彘」：曾子的太太有一天要上街買東西，孩子追著哭，曾子的太太就哄小孩：「你先回去，等下我回來給你殺豬吃。」

等曾子的太太回來，曾子就要去殺豬，太太阻止說我只是騙小孩的。曾子說：「就算是小孩，也不能騙。小孩子處處跟父母學，聽父母的教導，你說話不算話，是教孩子欺騙。媽媽欺騙孩子，孩子不信媽媽，怎麼能算是好的教育。」接著就真去殺豬，烹給孩子吃了。

同樣的道理，大人可以叫孩子等一下。但是那等一下不是就算了。所有的「等一下」，後來都要兌現！

「等一下給你吃。」到時候就有吃。

「等一下帶你去。」到時候就去了。

「等一下找不到廁所就麻煩了！」到時候果然孩子得憋著尿，四處找廁所。

「等一下，我讓你多玩十分鐘。」到時候，你還不走，就一定會被處罰。

「等一下」是要求，也是允諾！

「等一下」是親子之間建立互信最好的方法！

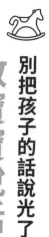

第16堂

別把孩子的話說光了
教寶寶說話的方法

我有個朋友，夫妻都很愛說話，問題是他們的孩子將近三歲了，雖然好像什麼都聽得懂，卻不會說話。後來發現，原因正是他們夫妻把孩子照顧得太好。孩子要吃奶，才看一下奶瓶的方向，奶嘴已經塞在嘴裡。孩子要玩玩具，才看一下，玩具已經放在孩子的手上。孩子要吃東西，才看一眼，食物已經夾到孩子面前。

也可以說，他們的孩子好大了都不說話，是因為根本不必說，太愛講話的父母把孩子要說的話全說了。

也有的父母對孩子「開口講話」過度緊張，孩子不說話，就說孩子笨、或是用指責的方式逼孩子開口，甚至急著帶去看醫生，結果孩子因為緊張，更不敢開口了；還有的家長無所謂，認為「大雞晚啼」，甚至當作笑話，任由孩子用哭鬧來表達，忽略了語言發展重要的黃金期。

教孩子說話，要說多少？要怎麼說？看來最簡單的事，其實學問很大。今天就來討論怎麼跟孩子說話：

一、要總是對孩子用柔和的語言說話

從我們有生命的那一天，（這還不是講我們降生的那一天）就是成為「受精卵」的那一天，就會感覺到媽媽說話。不但說，而且是對著我們說。

是啊！寶寶在媽媽的肚子裡，媽媽的聲帶，距離寶寶不過一尺多，而且是「內部傳達」，寶寶當然聽得到。所以寶寶是聽著媽媽講話，被孕育的。

既然寶寶聽慣了媽媽的聲音，當然生下來應該繼續對他說話，否則只怕寶寶會覺得一下子被冷落了。

所以從寶寶生下來的第一天，就要小聲對寶寶說，明明知道寶寶聽不懂，也要說。你可以說：「寶寶好可愛！」、「寶寶好漂亮！」、「媽媽好愛寶寶！」雖然那初生的小寶寶聽不懂，也能從媽媽溫柔疼愛的語音裡感覺媽媽的愛。在愛裡成長，寶寶的身體和心靈都會更健康。

也正因為寶寶聽不懂，你愈要注意語氣，就算你平常已經拉著嗓子吼慣了，懷了寶寶，為了胎教，也得改為溫柔的聲音。至於生下寶寶之後，過去隔著肚皮的聲音，變成直接面對，為了不驚嚇到孩子，也為了表現「愛」，當然更得柔聲細氣地講話。即使寶寶睡覺的時候，都可以輕輕地為他哼歌，柔聲地對他講話。那聲音會在睡眠中，深深進入寶寶的心靈：「多好哇！媽媽在我身邊保護我，還說她好愛我。」

這種對寶寶說話的方式，即使孩子已經長大了，都適用。譬如你的孩子上小學了，晚上睡覺的時候，你輕輕拍他，說你好愛他，那種幸福感也會進入孩子的夢鄉。

二、要盯著孩子、面對著孩子說話

許多心理學家的研究，發現當寶寶看著媽媽，媽媽也盯著寶寶的時候，說話的效果最好，寶寶愈能專心聽，母子間的互動也棒。

相對的，當寶寶對著你咿咿啊啊，你卻轉頭看電視、側身滑手機，寶寶對你的「呼喚」、「示好」，得不到你的正面回應，對寶寶是有挫折感的。寶寶的心理很微妙，他要由媽媽（或照顧他的大人）對他的態度，來肯定他自己的存在。還有一派心理學家，認為寶寶頭大大的，臉圓圓的，還能發出咿咿啊啊的可愛聲音，就是天生要吸引大人的注意，博取大人的疼愛。

這時候，你能不給他最好的反應嗎？所以你過去認為寶寶什麼都不懂，你餵寶寶吃奶只是完成工作，於是經常一邊做別的事。現在，你最好改一改，記住！你懷裡的小寶寶正在注意你有沒有關心他，你有多愛他。

三、注意對寶寶講話的聲調

據研究，上下高低抑揚的音調更容易吸引寶寶。舉個例子，同樣說：「看！樹上的小鳥好可愛喲！」你用平平的聲音說，跟你帶一點興奮的口吻稍稍提高音調說：「看！」樹上的「小鳥」「好可愛」喲，當然感覺更好。所以就算媽媽心情不好，或者很累，當你帶小寶寶的時候，也要把「興趣」提起來。你有興趣，寶寶才能有興趣，你提不起勁，怎麼能讓寶寶開心呢？

四、注意發音的方法要正確

前面幾章談過，寶寶一到三歲之間，是大腦神經元建立連結最重要的階段，母語也最容易被寶寶吸收。所以如果你希望寶寶講話標準、好聽，從寶寶很小的時候就要注意。我就見過一些媽媽，原本講話沒有捲舌音，只因為要跟自己的寶寶說話，硬是自我糾正。還有些外籍配偶，原本中文說不好，為了教自己的孩子，主動跑去上「中文班」。

還有些美國家庭，為了讓孩子將來能說中文，特別高薪請講北京話的保母，美國總統川普的外孫女不就是這樣嗎？

五、注意使用疊字

為了加強孩子的注意力和學習效果，我們對小寶寶講話常常用：「吃飯飯」、「要便便」、「吃奶奶」、「喝水水」、「狗狗」、「貓貓」、「玩玩」、「打打」、「睏睏」……這類的疊字。

這些疊字譬如「狗狗」，可能一直到成年，大家都還會使用。覺得「狗狗」比「狗」來得可愛、有童心！

問題是，多半的字，到最後總要回歸正常。「吃奶」就是吃奶，「喝水」就是喝水。所以隨著孩子的成長，大人要逐漸把句子調整回來，不能一直用那樣的說法。有些大人還喜歡用小孩說話的音調講話，更不恰當。因為孩子在向你學習，不是你向孩子學習；孩子正在模仿你，當然你不能模仿孩子。（也有一派說法認為，大人從開始就不必用疊字，因為孩子要學的是標準語言，並不會因為是疊字而更理解或學得更好，反而是不說疊字，孩子的語言發展比較快，也比較標準。）

＝六、說直接的句子，不要繞著圈子暗示＝

舉個最簡單的例子，當你看到孩子爬到很高的地方，千萬不能大喊：「你要死啊！」因為孩子聽不懂，還可能因為你這「一吼」，嚇一跳，真跌了下來。

你應該直接說：「下來！快點下來！」等他下來之後，再解釋給他聽：「剛才你爬太高了，危險，如果摔下來會受傷，下次別爬了！」

當你給孩子夾菜，或幫他的時候，一開始要教孩子：「說謝謝！」接下來可以進一步問他：「謝謝誰啊？」漸漸讓孩子把這兩個短句變成一個句子：「謝謝媽媽！」、「謝謝阿姨！」

然後，你可以再進一步問孩子：「謝謝媽媽什麼啊？」讓孩子想、教孩子學，說：「謝謝媽媽為我夾菜。」這種教育方法，可以讓孩子深一步思考，而不只是應付地說聲謝謝。而且如果你的孩子總能在謝謝後面加上感謝的對象，譬如「謝謝王阿姨！」、「謝謝李媽媽！」會給人更有禮貌的印象。

七、說正面的話

再舉個例子，從外面回家，孩子把鞋子脫掉，你要他把鞋子擺整齊，不要亂踢亂扔。只要直接說：「把鞋子擺整齊、擺好！才是好習慣。」不必說：「鞋子不擺好，小心等下爸爸會打你！」甚至恐嚇小孩：「你不把鞋子擺好，等下警察會來抓你。」

因為孩子是做他應該做的事，不是因為怕處罰而做，你必須從孩子小時候就教他以主動的態度做事，並且從正面看事情。

八、用清晰的語音說話

孩子在初學講話的階段，你講得愈簡單明確清晰，他學得愈快。譬如吃飯了，你對孩子說：「寶寶肚子餓了，對不對？現在媽媽餵寶寶吃。」如果每次餵孩子吃飯，你都重複這一句，他很快就能學會。

寶寶都對電視廣告特別感興趣，就是因為廣告是重複的，他從熟悉、到模仿最容易。所以教孩子說話，起初不要說得太複雜。

今天先講到這兒，下次繼續談教幼兒說話。

第17堂

讓孩子學習優雅的語言

愈是理直愈要氣和

四十年前我剛到美國的時候，跟當地人接觸，有三件事讓我印象深刻。

一個是我上下車時關車門，好幾次發現美國朋友會用特別的眼神看我。有次終於碰上個心直口快的美國人，問我是不是有什麼不舒服或不開心。

我說：「沒有啊！你為什麼那麼問？」

那美國朋友摸著胸口笑笑：「還好，我還以為你不開心呢！因為你關門那麼重。」

我當時心想，我關門重了嗎？我在國內都這樣關車門啊！從小我母親就總是叮嚀我上下車要用力把門關緊。

但是後來我注意看美國朋友關車門，確實比我輕得多，那是因為他們車子一般狀況比較好。相對的，早年在臺灣車子常不怎麼樣，好幾次新聞報導：有人因為車門沒關緊，開到半路轉彎，車門突然開了，把人摔出去，造成悲劇。

第二件印象深刻的，是我的房東對我說：「關水龍頭輕輕關上就好，不必那麼用力，用力太大，裡面的橡皮墊反而容易壞。」接著他好奇地問我：「你在你的國家是不是都很用力關水龍頭，是不是因為你們的水龍頭比較差，容易漏水，不用力關不緊？」

這件事讓我印象深刻，因為他傷了我的自尊心。

第三件事，也令我傷心。是有一天跟幾位老華僑走在街上，遠處聽見人聲喧譁，一位老華僑就說：「一定是中國人，他們講話特別大聲。」他的話又刺傷了我，所幸他又加了一句：「我們以前也講話很大聲，因為我們在老家的居住環境很吵，大雜院，講話不大聲不行。」

今天一開始說三段往事，是因為我要繼續講怎樣教小孩子說話。

從前面三個例子可以知道，一個人的生活習慣，即使是小動作，都可能反映你的成長環境。那麼，以今天國內的進步，車子一家比一家好，水龍頭設備一家比一家新，門窗隔音也比以前好，我們是不是也應該輕輕關車門、溫和地關上水龍頭，而且放小聲說話？當生活環境已經不再喧譁，是不是大家就不必拉著嗓門喊；當人人都小聲說，四周更是安靜，這樣良性循環，大家就更能輕聲細語了。

二、教孩子小聲說話

為了讓我們的下一代更優雅，我們應該從孩子小的時候，就放低音量跟他講話。

不是比大聲，是說理！

教孩子放低音量有很多好處。首先當你把聲音放小，就得先控制自己的情緒，不能衝動。你既然不跟人家比嗓門，比誰的聲音大、氣足，當然就是比「誰的理直」。

控制音量是講理的第一步！

為了讓孩子懂得講理，大人從孩子一出生，就應該跟他輕聲細語地講話。你是說給孩子聽，不是說給大家聽，你們彼此聽到，不是就夠了嗎？

聲音是可以感染的，當你走進圖書館，自然會把動作和聲音放小，對不對？同樣的道理，當你走進一個吵得像蛤蟆坑和雞窩的餐館，是不是自然會拉大嗓門。我有位開中餐館的朋友，他餐館裡的客人特別安靜，我問他怎麼辦到的。他一笑說：「簡單！就是即使客人大聲問話，我們都彎著腰，靠近他們，用很小聲回答。加上四周客人說話的聲音都不大，就算原來愛拉著嗓門講話的人，也自然會改。」

所以，如果你從來都大嗓門，現在有了孩子，也試著把聲音放小，由你開始，來感染孩子吧！

小聲說話才能大聲罵人

輕聲細語還有個好處，是使你有比較大的「表現情緒」的空間。舉個例子，如果你平常已經是大嗓門，今天生氣訓孩子，你還能把聲音放多大？相對的，如果你平常都輕聲細語對孩子說話，今天稍稍把音量提高，孩子是不是就能有所警覺？不只對孩子，對每個人不都一樣嗎？一個平常和顏悅色的人，哪一天只要音量加大，四周的人都能感覺到：「他可能有話要說，他可能心裡不痛快，要發作了！」

更高的境界是：即使你生氣要罵人，也可以用語氣表現，而不是用聲音表現。這對孩子是很好的機會教育，我看過很多有教養的孩子，即使在學校吵架，都把聲音壓低，唯恐打擾到別人。也在宴會上看過，媽媽跟孩子不高興，壓低嗓子罵，孩子雖然不服，也壓低嗓子回答。各位想想那畫面，是不是表現了雙方的自制。一個從小就能自制的孩子，長大之後會更懂得控制情緒，與人相處。

二、灌輸孩子正面的能量

什麼叫正面能量？很簡單，孩子把杯子打翻了，你趕快幫他扶起來，看他身上有沒有弄濕。這時候，你說：「還好！杯子裡還剩一點呢！快喝了！幸虧沒弄到身上。桌子髒了，你看阿姨過來擦了，等下謝謝阿姨。」

如果孩子夠大了，更好的做法是：一邊說沒關係，一邊教小孩把杯子扶起來，自己看看衣服有沒有濕，然後叫小孩去拿抹布來把水擦乾淨。如果剛好阿姨拿了抹布過來，最好也能讓阿姨把抹布交給孩子，教孩子自己擦，同時也要謝謝阿姨。這樣產生的正面能量更大，因為小孩一次學習到自己面對問題、解決問題。

相對的，有些家長看到孩子打翻東西，也不問青紅皂白，先過去一巴掌，大吼著罵。孩子接著哭了，又一巴掌：「不准哭！」

各位想想，這兩種教育方式有多大的差異！

當一個人成長在正面思考的家庭，他的挫折耐受力會比一般人高，將來遇到任何不順的事，都會從「感恩」的角度想：「幸虧沒有人受傷！錢被偷了還能再賺！」、「碎碎平安，碗砸了，人沒割傷，算是幸運了。」

現在請各位想一想，你自己從小，家裡都用怎樣的方式講話？當你考好成績，朋友誇你，你媽媽對朋友怎麼說？她會說：「一分耕耘一分收穫，你很努力，所以考得不錯。」還是只要有人誇你，她就哼一聲：「得了吧！矇上的！」

當有人讚美你祖母健康長壽，她會說：「感恩！感恩！托大家的福！」還是說：「咳！混吃等死啊！」（因為很多老一輩愛用負面的說法表示謙虛。）

當你出門玩，你爸爸會說：「你不會又搞到半夜回來吧！小心被人搶！」還是說：「早點回來！現在治安不好。」

孩子冷天出門，你會說：「為什麼穿那麼少？你想著涼啊？你上次感冒還不夠嗎？」還是說：「天涼，多穿點，免得再著涼。」

當你出國旅遊，被扒手扒了，你會說：「怎麼不扒別人，扒我？我真倒楣！」還是換個角度說：「希望大家因為聽說我被扒，下次去這個國家能加倍小心，不被扒。」

請注意！如果你生長在一個總是從負面思考的家庭，可能你也習慣於負面思考，如果你不改，你孩子也就可能做負面思考。即使正面的事，都用負面的語氣表現，這是很不健康的，必須改正！因為這樣說話的人，會喜歡揶揄別人，惹人嫌，而且會影響他自己的快樂指數。

第18堂

教寶寶說、等寶寶想

因為不會說，所以發脾氣

雖然人有天生的差異，有的孩子說話早，有的學話慢，但是大人都必須盡力教他們。因為說話是為了表達，當孩子心裡有話要說，卻說不出來，甚至因為說得不對，讓大人會錯了意思，都會造成他焦慮。我們經常看到孩子大哭，面紅耳赤、手腳亂揮地吵鬧，常因為他們不知道怎麼表達，或者表達了，大人會錯意。

今天繼續談怎麼教幼兒說話。

二、利用機會教育

最能讓孩子記住的話，是當他碰上問題，不會說，你及時教他的。也是他眼睛看到，同時耳朵聽到的。舉個例子，他不認識海鷗，有一天你帶他去海邊，一邊餵海鷗吃東西，一邊說：「海鷗！海鷗！我們餵海鷗吃東西，你瞧！爸爸把食物扔在空中，海鷗自己就會飛過來接住。」保證他馬上就記住「海鷗」了，一輩子也不會忘。

進一步，你可以把每一個動作，都用語言解說。舉個例子，你為寶寶穿鞋子，不要只是一聲不吭地幫他穿，而可以一邊穿一邊說：「媽媽幫寶寶穿鞋子，寶寶坐著，媽媽蹲著，先穿左腳，再穿右腳。這邊是左邊，另一邊是右邊。」這個對寶寶幫助非常大，媽媽有耐心一步步說，寶寶在生活中自然學習，聽得多、語彙多，很快就可以表達了。

孩子要喝果汁，你一邊去拿，一邊配合正在做的動作說：「寶寶要喝果汁，媽媽打開冰箱，拿出果汁，媽媽把果汁倒在杯子裡，把果汁放回冰箱，把冰箱的門關上，再把果汁交給寶寶。」

你每做一個動作，就解說那個動作，因為寶寶既看到，又聽到，加上他需要，會學得特別快。孩子的邏輯概念也會因為媽媽敘述的順序而建立起來。

我們常說要學一種語言，最好生活在那個語言的環境中。

這種教法不是「灌輸」，而是「浸潤」；不是「硬學」，而是「生活」。可以讓人在不知不覺中，學到很多東西。我女兒小時候，我在冰箱、電視、椅子、沙發、大門上面都貼一張紙，上面寫著那些東西的中文，每次說到那些東西，就一個字一個字，指著上面的字卡講，沒多久，我女兒不但認得冰箱椅子電視沙發，而且認識了那些字。

一個在多種語言家庭長大的孩子，自然會多種語文，都不是有人硬教他，而是他在不知不覺中學到的。了解了這一點，大家不要怕爺爺奶奶的方言會影響孩子學中文，也別怕孩子吸收不了。雖然有些孩子會因為接觸的語言太多，學得慢一點。但是各位放心！他們都能懂，而且不會搞混。以後自然會「對誰說誰的話」，這是本能，也將變成孩子的能力。還是你幾乎不費力，就能留給孩子的智慧財產。

二、聆聽孩子，讓他清晰地表達

聆聽！不論對大人、對孩子都是非常重要的。因為聆聽，表示你在注意他，你在等待他，等他把話說出來。

上次我說有個朋友夫婦因為太愛說話、太寵孩子，根本不用孩子開口，就侍候得無微不至，所以孩子很大了，還不會講話。不是不會講，是沒機會練習。

所以你一方面教孩子說話，一方面要引導孩子說話，給他製造說話的機會。舉個例子，孩子吃飯吃一半，指著桌子一頭的盤子說：「要……要……要……」這時你不必急著說：「要吃肉肉，對不對？」接著就把肉夾給他。你可以等，等他想、等他說。

這種教育方法是非常重要的，所謂「發而不盡」，你可以啟發，但是別把道理說光。你可以讓孩子「舉一反三」，而不是一次把三個都說出來了，讓孩子根本沒有自己思想的機會。

我每次在演講完，為讀者簽書的時候，只要碰上小朋友，總會問他們：「小弟弟幾歲了？」

常常那小孩明明已經不小，卻會先愣在那兒，再轉身看帶他來的大人。大人則趕緊說：「說！說你六歲。」

這樣的孩子，多半在家裡被寵得厲害，什麼事情，他才開口，說一半，只因為沉吟幾秒鐘，爺爺奶奶媽媽就幫忙說了。

很多大人都有為小孩作答的習慣，你問孩子一個簡單的問題，孩子沒答，大人先搶著答了。尤其爺爺奶奶和媽媽，不知道是怕孩子辛苦，還是怕孩子尷尬，顯得不聰明，讓大人臉上無光。

問題是，這樣的孩子怎麼獨立思考？所以我建議大家，問孩子問題，只要他可能答得出來，就別幫他答。讓他想！等他說！甚至可以告訴孩子：「你自己慢慢想，想出來再說。」當他想出來了，說出來，你喝采，孩子是不是會很得意？相對的，如果你早早幫他答了，他反而會有挫折感，進一步，造成每次有人問他問題，他都不答，等著大人幫他答。孩子不敢、不想自己作答，依賴大人幫他回答，久了就更退縮。

孩子生病，不舒服，你可以讓他自己先說有什麼不舒服，等他說完了，你再確定一次，譬如摸著他的身體問：「是肚子疼嗎？還是上面胸口疼？是這裡疼，還是那裡疼？還是肚子餓了？想吃東西？」而不是沒等孩子說，就武斷地講：「這裡不舒服，對不對？你只是肚子餓了！」也可以說，當他開始說話，你就要鼓勵他，給他表達的機會，而不是看他點頭搖頭就夠了。

三、尊重別人說話

當孩子能說話，而且說得不錯了，他們會變得特別多嘴，因為他們需要表達，也需要練習。所以你會發現小孩常常不斷重複新學到的詞，他們也會重複大人的話。譬如你罵他：「不要吵！吵死了！」他接著學你說：「不要吵，吵死了！」為了讓他們有練習的機會，大人可以容許孩子這麼「學習」。但是要注意界限，孩子可能用重複你的話，來答覆你的問題。也可以說，你問他事情，他不好好答，只是把你問他的話重複一遍，這時候就必須阻止了，因為總是模仿就變成沒禮貌。（譬如英文mock表面的意思是模仿，但是當他們說“Are you mocking me？”的時候，意思是「你是不是嘲諷我？」）

前面說大人可以等孩子想、等孩子說，相對的，我們也要教孩子等別人把話說完，自己才能開口。說得簡單一點就是要教孩子不插嘴。當你在說話，孩子突然插嘴進來，你可以立刻阻止他：「等一下，大人還在講話，你不能插嘴，等我們說完了再讓你說。」

然後，等大人說完了，就算小孩沒有開口，你也可以提醒他：「剛才你不是有話要說嗎？現在由你說！你說給我聽！」

這種教育非常好，第一，你教了孩子說話的禮貌，懂得尊卑先後。第二，你信守了諾言，果然給他發言的機會。第三，他會感覺受到尊重，因為大家都停下來聽他說話。這樣做，他愈會好好說，把話說得完整。你可以想想，當一桌大人，爺爺奶奶、爸爸媽媽居然都靜下來，聽一個小鬼說話，會是多麼美好的畫面。

教孩子尊重別人，也讓孩子覺得被尊重，是最好的人格教育。

第19堂

談視覺、聽覺與觸覺型的孩子

天生我材大不同

今天一開始，先讓我說個笑話，其實也不是笑話，而是真實的事：

有一天半夜，我睡得正熟，電話響，是臺北的朋友打來的，他不知道我人在紐約，兩邊有十二小時的時差。

我當時睡得迷迷糊糊的，就問他電話號碼，說等我睡醒之後跟他聯絡。他說了，我就打開床頭櫃抽屜，找了支筆，再抓了張名片寫下來。

第二天醒來，想到夜裡的電話，趕快找我記下來的號碼，可是發現大概名片上有蠟，我又用的是水性的筆，根本沒寫上去。我就自己怪自己：「唉呀！電話號碼記了等於沒記，怎麼那麼糊塗！」這時候我太太聽到，笑說：「你是說昨天夜裡那個電話號碼嗎？我雖然在睡覺，但是聽你重複，有點印象，好像是××××××。」我將信將疑地打過去，居然正是那位朋友接電話。

天哪！我真是太驚奇、太佩服我太太了，而且覺得有點恐怖，我半夜醒來記不住的號碼，她在半睡當中居然能記住？這不是很可怕嗎？以後說話可得小心了！

有人認臉孔 有人記事情

我早就發現太太跟我很不一樣，譬如參加派對，常常對面來個老朋友，我卻想不起名字，這時候只要太太在旁邊，問她就成。我太太就算一下子沒看出來是誰，我只要提醒她，譬如說：「就是那個在生日宴上跟太太吵架的。」保證我太太馬上就說出名字。由此可知，我會記事情、記面貌，不會記名字。我太太能記名字，卻不一定認識人。

念古詩詞也一樣，我會背很多詩詞，但是總記不住作者，但是把詩詞的名字說出來，我太太就算忘了內容，也能立刻想到是誰作的。

更常見的例子，是在網上看電影的時候，只要說出電影片名，我太太常常就能說「看過」、「沒看過」。但是如果不知道片名，我只看幾個鏡頭就知道是不是看過，我太太卻得看半天才想起來。

一群學生以誰為準？

今天一開始，講這麼多家裡的小事，是因為我要談「因材施教」。我們常說教育要因材施教，問題是大家有沒有做到呢？在學校，一群新生進來了，課堂上望過去，一片黑壓壓的，新老師、新學生。老師除了自我介紹，叫每個學生站起來認識認識，多半就開始教了。一路教下來，有的學生成績好，有些學生成績差，老師可能只會認為他們資質不同、用功程度不一樣。會想到每個學生各有所長、各有所好，那些表現不好的學生，是因為不適應老師的教法嗎？

為什麼有些學生上學期在這位老師的堂上表現不佳，下學期，換個老師就脫胎換骨了？我就曾經讀到一位成功企業家寫的文章，說他小學時候原本成績很差，只因為來了一位代課老師，成績就突然變好了。這老師沒待兩個月，卻影響了那孩子一生。

老師不同，為什麼對學生會有那麼不同的影響？是因為那老師特別漂亮、特別年輕、特別有學問，還是他的教法不一樣？

有人變好了，有人變壞了

讓我們再深一步想，是不是老師教的方法不一樣，就所有的學生反應都不一樣？會不會來了一位新老師，有些原先差的學生變好了，也有些原先好的退步了。表示老師的教法可能特別適合前者，不適合後者？

如果確實如此，老師是不是應該用不同的教法，讓不同的學生都能適應、都能喜歡，都能如魚得水？

問題是學校老師時間不夠、不能了解每個孩子。而你家就這一個寶貝，你作父母的人，是不是應該早早發現孩子的才分，為他找適當的老師，或者在老師不知道的時候，由你們告訴老師你孩子的特質，甚至在家幫助孩子，用他比較喜歡的方法啟發他、引導他。

人各有才！人各有長！每位從事教育工作的人，都必須先不斷告訴自己：「今天我面對的這群孩子，每個人都不一樣，我必須從不同的角度觀察，用不一樣的方式引導。」

孩子天生的差異

每個人天生不一樣，有的是「視覺型」、有的是「聽覺型」、有的是「觸覺型」，也有些人能夠平衡發展，每種感覺都很敏銳。譬如我顯然是視覺型，我太太是聽覺型。

「視覺型」的人擅長記畫面，「聽覺型」的人擅長記聲音，「觸覺型」的人擅長以實際操作來記憶。視覺型的人如果上課時老師在黑板上畫地圖，列出圖表，會記得比較清楚，你問他課堂上教的，他會說：「等等，我來想，在黑板上老師是怎麼畫的。」甚至當你問他課本上的東西，他會想起大約在第幾章，靠上還是靠下，然後把答案想出來。我早年在臺灣主持一個機智問答的電視節目「分秒必爭」，由各高中派代表參加，我記得很清楚，有個學生很厲害，也很特殊，當我問問題，他不看我，也不看同一隊的同學，只低著頭用手指頭在桌子上猛畫，然後作答。我後來問他為什麼，他說他必須一邊畫一邊想，想那答案的樣子、想在課本上的什麼地方，才能答得出來。我猜他是「視覺型」加上「觸覺型」，那個觸覺是他書寫的動作。

聽比看還好

至於「聽覺型」的人，多半特愛聽故事、聽廣播，你拿報上一則新聞給他看，他可能說：「你講嘛！你說給我聽就好了。」聽覺型的人，背書的時候喜歡一邊看一邊念，譬如背英文單詞，背就背好了，他非讀出來，還非大聲讀出來不可。就因為他的耳朵要聽他的嘴說，他先用眼睛看，再用嘴巴說了，最後用耳朵聽，經過三重學習，印象特別深。

相對的，你要觸覺型的人背東西，他實在記不住，用抄的，寫幾遍，就記住了！由於他身體力行，有了肌肉記憶，加上他先用眼睛看，再用手寫，寫給誰看？寫給他自己的眼睛看。也是三重學習。

說唱跳多有意思

至於「觸覺型」，也有人稱為「體覺型」、「動作型」或「運動型」，顧名思義，他們是比較愛動、愛操作的。最明顯的是他們說話的時候喜歡比手勢，可以說他的手勢裡有「視覺型」的表現，譬如他說他看到好大好大一隻大象，他一邊用兩隻手比大象的大，一邊腦海裡會想著那隻大象的樣子。當你問他吃過的蘋果有多大的時候，他可能用一隻手，手掌朝上，作成抓蘋果的樣子，說：「這麼大！」可以說他用實際拿蘋果的動作，和對那蘋果重量的記憶，形容給你聽。但是碰上「視覺型」的人，就不一樣了，他伸出兩隻手的拇指和食指，比給你看。他比的時候，「心裡」也有個蘋果，但不是立體的，是側面看的輪廓。因為體覺感受強的人對藝術欣賞或表現多為立體的，視覺感受強的人對藝術欣賞或表現常常是平面的。雕塑家要親手做，常常屬於觸覺型；畫家在平面的紙張或畫布上創作，常常是視覺型。

過動症是搗蛋鬼？

「觸覺型」的人，基本上比較愛動。你在教室裡教他，遠不如「室外教學」。他在教室裡坐不住，再不然打瞌睡；出教室，精神就來了。他們的韻律感也特別強，別人怎麼都學不會的動作，他們很快就能學會。你叫他背書，他會一邊背一邊搖頭晃腦，或者走來走去。總之他身上好像哪根筋不對勁，就算坐著也要扭來扭去。問題是，上課就是上課，很難讓他走來走去，所以「觸覺型」、「動作型」的孩子，常是教室裡的頭痛人物，特別愛動的還可能被認為是「過動症」。

你的孩子是哪一型？

「視覺型」、「聽覺型」還是「觸覺型」的特質，作父母的人可以從孩子小時候就注意。

如果你的孩子喜歡自己看書，卻不愛聽故事，就算聽故事也要你指著書上的插圖說給他聽，他可能是視覺型。

如果他特別喜歡聽你讀書上的故事，卻不愛自己拿書看。當你帶他去遊樂場，回來你要他說給你聽：「那個遊樂場有哪些遊樂器材？」他立刻就能說出那些遊樂器的「名稱」，而不必從進遊樂場開始，順著他走的途徑，一邊想、一邊說。他可能是聽覺型。

如果他說話的時候總要加上很多手勢。就算你拿著書，指著書上的文字讀給他聽，他還堅持，甚至把你推開，把書搶過去，非自己指著讀不可，表示他是喜歡身體力行的觸覺型。

對於「視覺型」的孩子，你可以給他看圖畫書、畫圖表（譬如解釋親屬關係的圖表）、看地圖（譬如遊樂場的地圖）。教他算術時，可以用畫一個個蘋果或小動物來吸引他注意。

對「聽覺型」的孩子，你可以帶他唱歌、背兒歌，讓他邊唱邊學，還可以說故事給他聽，然後讓他再說一遍，看他聽進去多少。（參考：說得出來，也是口語表達的能力，說得好是與邏輯推理相關聯的，這是更深一層的東西。）

對「觸覺型」的孩子，你可以多帶他做戶外活動，做運動、學雕塑和陶藝、看能夠自己動手體驗的科學博物館。在家也可以多給他需要他自己「動手組合」的玩具。

雖然孩子可能有「視覺型」、「聽覺型」和「觸覺型」的差異，但並不是不能加強，對於他擅長的，我們要引導，讓他發揮；對於他不擅長的，我們也得設法加強。因為他們未來面對的世界是多樣的，很少有人會為他改變。為了讓孩子都能適應，我們必須讓他們平均發展。今天先講到這兒，怎麼加強、怎麼提升，下次繼續談。

學習作個最佳導師

如何多元發展孩子視覺、聽覺和觸覺的能力

第20堂

上次我說有些人是「視覺型」，有些人是「聽覺型」，有些人是「觸覺型」，雖然那是天生的，但是經過引導，還是可能改變，好比幼兒的時候是「聽覺型」，大一點變成「視覺型」，再大一點又變成「觸覺型」。

你看電視字幕嗎？

這麼說大家可能不太容易了解，舉個簡單的例子就清楚了。你看電視劇吧？電視劇總有中文字幕，你看的時候，會不會注意中文字幕？

那是中文電視劇，中文你聽得懂，為什麼還有很多人眼睛非盯著字幕不可？你可以做個實驗，今天你故意不去看下面的字幕，或者把字幕遮起來？如果你很不習慣，明明你聽得懂，卻因為沒了字幕，就耳朵追不上說話了，那麼你可能偏向「視覺型」。如果你完全不必看字幕，甚至覺得字幕擋住畫面，讓你不舒服，寧願把字幕拿掉，那麼你八成是「聽覺型」的。

還有，當別人看電視，你沒空，在做其他的事，用聽的，你能聽懂多少？或者你根本不願意聽，覺得只聽不看沒意思，也聽不懂，表示你是視覺型。

相對的，有個家長跟我說，他小孩可以一邊做功課，一邊豎著耳朵聽電視，如果問小孩電視裡播什麼劇情，小孩能一點都不漏地說出來。那麼，他家的小孩八成屬於聽覺型，最起碼他孩子能夠用聽的方式吸收足夠的資訊。

你可能在各方面都證明自己是「聽覺型」，但是當你看有字幕的電視看習慣了，也變成非追字幕不可。可以證明一件事，就是「聽覺型」的人可能被環境改變成為「視覺型」。

看、聽、觸要平衡發展

能改變或者加強是非常重要的，因為我們活在這個世界上，一定要看、要聽、要觸摸。如果你聽的能力很差，碰上個只愛「講課」，不愛寫黑板、讀課本的老師，就可能吃虧。相對的，如果你只有耳朵靈光，常常「視而不見」，碰上整堂課都悶不吭聲，只會寫黑板的老師，也可能麻煩。

為了左右逢源，我們除了要發現孩子的特質，配合孩子的「強項」來教他，也得加強孩子的「弱項」，免得他以後不適應。

舉個例子，如果你學齡前的孩子，總是看電視，不愛聽廣播，連你跟他說話，他都好像聽不進去。你可以不給他看電視，只給他聽有聲故事。他或許先不耐煩，但是因為對故事感興趣，非聽不可，漸漸就能加強他「聽覺」的注意力了。

這邊關了！那邊就開了！

當人的某種感官受到限制，很自然就會在另一方面補強。我太太小時候可能是視覺型，但是自從她的眼睛因為視網膜開刀，整個月蒙著眼睛躺在病床上，那段時間她的聽覺就大大開發了，甚至我只要出現在長長走廊的另一頭，她就已經從腳步聲聽得出來。

荷馬的史詩《伊利亞德》和《奧德賽》，你聽過吧？那是古希臘文學當中最早的一部史詩，就算各位沒讀過，也知道獨眼巨人的故事吧？奧德修斯流落到荒島，被獨眼巨人關在山洞裡，他率領部下先把獨眼巨人灌醉，再趁機用削尖的樹枝，把獨眼巨人的獨眼刺瞎，終於逃脫魔掌。

你知道這故事是怎麼來的嗎？是由荷馬口述，再經過後人記錄的。荷馬不自己寫，而用口述，是因為他是個瞎子。天哪！《伊利亞德》和《奧德賽》有多長啊！一個瞎子怎麼能記得那麼多？答案是，可能正因為他瞎，視覺無法使用，就讓聽覺變得特別敏銳，別人說的故事，他能很清楚地記下，一點點累積，再加上他的創作，成就不朽的史詩。

不只荷馬，很多吟遊詩人、說書人，雖然不一定瞎，卻都不識字，他們不能透過文字來看，只好聽，用聲音來背誦。

漢字有意思

談到文字，漢字和英文、西班牙文這些拼音文字是不一樣的。各位想想，如果你背英文單字，一個字可能好幾個音節，你是不是要透過聲音，把字拼出來？但漢字是一字一音，每個字像圖畫似的，你只要看，不必拼，就知道那個字怎麼念、是什麼意思。所以我猜想中國人因為從小認漢字，會加強「視覺」的訓練。

了解了這一點，如果你小孩很不會寫漢字，老是寫不對，可能你家寶寶屬於「聽覺型」，改天他學英文，「視覺型」的孩子拼音不好，你家寶寶卻可能比較強。

如果你的孩子顯然是聽覺型，你希望加強他「視覺型」的能力，最簡單的方法是用圖畫的方式教他認漢字。譬如「好」字，剛學寫字的孩子記不住，你只要在左邊畫個女孩子的「女」，右邊畫個孩子的「子」，然後告訴孩子：「那是媽媽背著娃娃，多好啊！」他就記住了。因為那個原先看來沒意思的文字，變成了有意思的圖畫故事。他不但記住，而且可以加強他把文字變成繪畫的聯想力，也可以說加強了他屬於「視覺型」的能力。

我女兒在美國出生，為了讓她對中文感興趣，我就用這種畫畫的方式教，最近還把當年的教材出版了兩本《漢字有意思》，或許你可以找來參考。

帶女兒騎馬打仗

至於怎麼加強「觸覺型」，你除了可以讓孩子多運動，多接觸實在的東西，還有很多其他的技巧。譬如我女兒小時候，我會讓她坐在我腿上，說她要騎馬去探險了，然後我一直上下抖腿。讓小丫頭感覺她是在騎馬。我會把膝蓋抬高，說「現在騎馬上坡了！」也會把膝頭放低，再一直抖動。說「小心坐好了，咱們要下坡了！」還會說「右邊大野狼來了，快開槍打大野狼！」、「左邊大老虎來了，快看左邊，開槍！」說到這兒，小丫頭真會裝作開槍的樣子，然後我把腿快速抖動，說「前面有條河，咱們要跳過去！」接著把雙膝高高抬起，再慢慢降下，說「安全了！我們跳過河了！」小丫頭也好像真經過一番冒險的旅程，鬆了口氣。（當然我也夠累的，有一次做完之後，兩條腿疼了一夜。）

我覺得這種「動態」的教育方式，不但能訓練孩子的「觸感」和「運動感」，而且因為能發揮想像，有利於他們以後的創造力。

每個人要知道自己的長處與短處

如果你孩子的「視覺」、「聽覺」和「觸覺」能夠平衡發展，當然最好。如果嚴重偏向於某一種，就得了解自己的長處和短處，揚長補短。

像我是非常「視覺型」的人，我住旅館，常常出門就忘記住幾號房間。但是後來我發明個方法，就是用圖像來記房號，譬如我住９１０房間，我只要想「打高爾夫球，一杆，進了洞」。因為高爾夫球杆像9，一杆是1，進洞，洞是0。

請不要覺得我很搞笑，事實真是這樣啊！我記不住就是記不住。好多人說我記憶力特強，詩詞可以倒背如流，豈知我原本是很差的，只是因為知道自己差在哪裡、強在哪裡，然後避免短處、發揮強項罷了！

小孩只會背詩詞卻不懂意思

說到詩詞，很多家長會叫小孩子背詩詞，也有不少孩子能一背就是幾十首。但是你有沒有藉這個機會，了解你的孩子屬於「視覺」還是「聽覺」型？

方法很簡單，你叫他背李白的《靜夜思》：「床前明月光，疑是地上霜。舉頭望明月，低頭思故鄉。」他是不是能很快背出來？問題是孩子知道詩裡的意思嗎？你何不在教孩子背那首詩的時候，一句句講解？你可以一邊說，一邊用手比啊：「想想你睡在床上。」你比個床的樣子。「月亮出來了。」你指指天空，用手比個圓圓的月亮……。是不是把那首詩變成了畫面？這種訓練能讓小孩記得更牢。為什麼？因為那首詩是聽覺的，也是視覺的，加上你的比劃，成為「動感的」。這三重加起來的記憶當然特別深刻，他比較不會忘。而且這種學習的方法，不是死的，是活的，可能因此影響你孩子一生的學習態度。

補習班老師的特別教法

一下子說了這麼多，希望沒把各位搞糊塗了。最後，我要強調，每個人都要用到視覺、聽覺和觸覺，固然有天生的差異，但是愈多元發展愈好。那麼如果你是老師，同一時間面對這麼多不同的學生，你該怎麼教呢？

這讓我想起有一陣子臺灣的「補教名師」猛出新聞，我問學生：「什麼是補教名師啊？」

學生說：「就是特別會教的補習班老師。上他的課不但不會打瞌睡，而且事半功倍。」接著學生上網，找了一位補教名師的視頻給我看。

哇！真是太精彩了，只見那老師除了在黑板上把歷史人物之間的關係列出表，而且細細介紹了每個人物。連他們長的相貌、用的武器、身上的裝扮、走路的樣子都形容出來，還一邊形容一邊表演。他講課活像說書，還帶押韻，逗得滿堂大笑。

從那位老師的教課方法可以知道，他在同一時間顧及了「視覺型」、「聽覺型」和「觸覺型」，他有重點整理、有圖表、有形象、有聲音對白、押韻口訣，還加上演出動作，怪不得對每個學生都管用。

各位作父母的，你是不是以後也可以這樣教孩子呢？一邊指著書上的文字和圖畫，一邊用高低抑揚的音調念出來，不時看著你的寶寶，臉上作出表情，手上加以比劃，加深寶寶的印象。

各位作老師的，你就算喜歡寫黑板，是不是也能一邊寫、一邊說出來？讓孩子同時用視覺和聽覺來吸收。你是不是也能發明些押韻的口訣，甚至用說唱的方式，繪聲繪影地表現？

教育是活的，哪個方法能夠讓學生感興趣，留下最深的印象，而且發揮想像力，培養創造力，就是最好的。

第21堂

吃飯是件大事(1)

孩子用餐的禮貌和禁忌

每位父母都希望他的孩子在外面被誇讚。

如果你希望你的孩子能這樣，甚至因為表現傑出，從很小就被人喜歡、被長輩欣賞，甚至被提拔，早早成功，那麼你要做的是什麼？

不只是讓他們的成績好，進好學校、有好學歷。更要讓他從小就懂禮貌、有教養。

你的孩子成績好，在陌生的場合，你不說，別人還不知道。有好教養卻能在小事上顯現。一個學霸如果沒有表現出好的教養，功課再好，也不會受歡迎。相對的，功課表現平平，在外面卻處處表現出好教養，就能在第一時間讓人刮目相看。

什麼是「教養」？

教養是你除了養他，而且教他，一邊養，一邊教的成果。深一步想，教養是禮貌，是己所不欲勿施於人，是處處為別人著想。

舉個例子，你的孩子去別人家作客，吃完飯，那家的孩子抬起屁股就走了，你的孩子卻能幫著收碗盤，在座的人是不是會想：「這孩子真不錯！不知是哪樣的家庭教出來的。」

如果去餐廳，大家吃完了，站起身就走，你家孩子卻默默地把椅子「歸位」，別人看在眼裡，是不是會特別有感覺？接著大家往外走，你孩子知道讓長輩先行，但是到門口，他趕快跑向前，幫著拉門，恭敬地讓大家先行。甚至知道扶老人、照顧幼兒，老人上車時還會先幫著拉車門，再伸手到車門上方，以防老人的頭撞到。這些舉動看在外人眼裡會有什麼感覺？他們就算不明說，不認識的人，私底下也可能問：「這是誰家的孩子？這麼懂事！」

讓你的孩子懂事，這就是教養！

今天開始談對孩子的教養。這不限於學齡前和小學階段的寶寶，十幾歲的少年、青少年也包括在內，因為孩子從小到大，只要有機會，大人都要注意教養。

吃飯要感恩

咱們就從最普通也最重要的吃飯談起吧！

吃飯是小事，再平常不過了！但也是大事，因為民以食為天，吃飯是我們一輩子每天都要做的事。

首先你要引導孩子以感恩的心情吃飯。

請不要覺得我小題大作，想想，我們小時候就讀過的：「鋤禾日當午，汗滴禾下土。誰知盤中飧，粒粒皆辛苦。」說的是什麼？還有《朱子家訓》裡說的：「一粥一飯當思來處不易。」是不是也在講我們吃飯的時候，要念著種稻人的辛苦？何止種稻米的人辛苦啊！打穀子的、運糧食的、分配販賣的，哪一位沒有出力？到最後，家裡能夠買米，每個人能有得吃，要謝謝誰？

當然要謝謝辛苦賺錢和付出的人！如果是虔誠的信徒，吃飯前還要祈禱「謝飯」，感謝上天！

其實臺灣人也總是謝天，你看看過年時候寺廟掛的燈籠上面是不是常寫著「風調雨順，五穀豐登」，那「風調雨順」就是對大自然的感恩。

還沒動筷子，單從吃飯這件事，就已經有這麼多可以讓我們學習、感恩的了。你是不是應該從孩子很小的時候就告訴他這個道理？「感恩」是人活在世界上，第一要有的心態啊！

「真是感恩！今天又有那麼多好吃的菜和飯！我們吃飯的時候要感謝我們吃的每樣東西，是很多人辛苦而來的。種稻子的、種菜的、賣米賣菜的、爸爸媽媽出去賺錢、爺爺奶奶外公外婆在家摘菜炒菜，都有大家的辛苦，都有對大家的愛，我們一起來謝謝所有為我們這一餐付出心力的人。」

接下來，要正式用餐了！

首先每個人都得洗手。除了衛生，也是禮貌。因為洗手是謹慎恭敬的表現，表示「我現在把事情放下，手洗乾淨，要好好用餐了」。

尊重長輩

如果家裡有長輩，要請長輩。就算他們已經從房間出來了，因為步子慢，還沒到餐桌，在禮貌上，你還是要請，最起碼要大聲告知：「爸！媽！吃飯了！」你也可以教孩子過去請老人出來，這是讓孩子跟老人接觸的好機會。因為孩子就算小時候由老人幫忙帶，當孩子大些了，有他自己的世界，加上老人更老更弱了，祖孫也會愈隔愈遠。這樣做還有個好處，就是示範給你的孩子看，希望他記在心裡，將來也這麼待你。

不要覺得特別請老人沒必要。你要曉得當人老了，沒有生產力了，會有一種吃閒飯的怯懦心理。如果你不請他，老人的心裡感覺是不好的。

照古時候的規矩，必須長輩開動，大家才能開始吃。但是因為老人動作比較慢，如果你先「請過」，而且說一聲「我們就先吃了啊！」現代家庭可以變通。

用餐的規矩，應該從孩子很小就嚴格規定，為了說得清楚，我把它一條條列出來：

一、**既然上桌了，就要坐好**。

不能玩耍，不能跳上跳下，更不准站在椅子上。尤其站在椅子上，是嚴格禁止的，除了顯得沒禮貌，而且非常危險。當椅子失去平衡，無論往前摔在餐桌上，或者往後仰，翻到地面，都可能造成嚴重的傷害。

二、**小孩的座位不能在上菜的「動線」上**。

也就是說，從什麼位置端菜上桌，小孩要避免坐在那邊，免得熱湯打翻，燙傷孩子，在餐館吃酒席尤其如此。

三、如果吃火鍋，尤其是吃那種燒炭，有小煙囪的火鍋，小孩要盡量距離遠一些。因為經常有火鍋打翻，造成小孩躲避不及，受到嚴重燙傷的事。頭大底小的燒炭火鍋本來就不穩，加上上面有個長長的煙囪，人們揮手，很容易不小心碰倒。

四、嚴格遵守公筷母匙。這一點可能有些家庭還不適應，覺得多此一舉。問題是因為大家的筷子難免沾到口水，造成疾病的傳染。如果菜沒吃完，混了大家的唾液，也容易壞。相對的，如果用公筷母匙，剩菜沒有混進口水，等於炒好沒吃，既不容易腐敗，給晚歸的人吃，感覺也好得多。

順便要提的是，如果家裡有管家或保母，不在一起吃，如果沒先分出一些菜給他們，而讓他們吃剩下的，必須為他們著想，不能把好的吃光，只留些菜湯。當小孩子不懂事，吵著說「盤子裡還有，為什麼不給我？」大人應該機會教育：「阿姨還沒吃，要給阿姨留一些。」

五、小小孩可以由大人幫忙把菜先夾好，放在他面前。這樣做，可以免得孩子伸手去夾菜，也比較能控制他吃的食物種類。對很小的寶寶，你可以直接夾好菜給他，不讓他挑。當孩子比較大了，比較民主的作法是，你可以問他特別想吃什麼，然後跟他討論，譬如他雖然不愛吃哪一樣，但是對身體好，應該吃一點。既然你已經算好他吃的量，又先討論過，得到他同意，他就應該盡量吃完，別剩！

碗裡別剩飯粒！你要告訴孩子粒粒皆辛苦，是農人辛苦種植的。吃肉別剩，你可以要孩子想想，如果從自己身上割下那麼一塊肉，會有多痛！牛羊豬犧牲牠們自己，我們要感念，能少浪費就少浪費。

還有一種「很民主」的教法，是當孩子說他吃不下，不想再吃的時候，你可以說：「好！你現在不吃，可以先離開，你的食物我給你留在桌上，等下你餓了，自己來吃！」這是西方人比較採用的方法，也就是讓孩子自己決定，好處是讓小孩從小就能獨立思考。缺點是當他隔很久再回去吃的時候，飯菜已經涼了。

我兒子小時候，接受的是中式，給他夾的菜，他非吃完不可，否則不准下桌。我女兒小時候接受的是西方式，在我記憶中留下一個鮮明的畫面，就是走進餐廳，嚇一跳，發現有個小黑影坐在桌前吃飯。飯菜涼了，一定比較不好吃，小丫頭甚至沒開燈，摸黑吃。但那是她自己選擇的，教訓也是很好的教育，她如果得到教訓，自然以後會改進。

第22堂

吃飯是件大事(2)

孩子用餐的禮貌和禁忌

最近在網上看到個笑話，說有個女生第一次去男朋友家吃飯，女生的爸爸叮囑女兒：「夾妳眼前的菜，別把筷子伸長了搆遠處的，不優雅！」

女生聽爸爸的話，確實只夾她眼前的菜。

但是女生離開之後，男朋友的媽媽問兒子：「你女朋友家裡是不是很窮？她盯準了她前面那盤肉，半盤子都被她吃了。」

今天繼續談教孩子吃飯的禮貌，就從夾菜談起吧！

六、如果孩子比較大了，可以自己夾菜，要教他盡量夾靠近他那一側的，不可以挑來挑去，更不能翻來翻去。

但是如果靠近他那一側的顯然是最好的，譬如端上一盤雞肉，正好雞腿對著他，要教他夾旁邊的，把最好的留給別人。

這是很重要的教育，因為如果他把好的挑走，剩下比較差的留給誰？是不是給長輩？

多半的人家寵孩子，最好的東西好像「當然給孩子」。你可以這樣做，但是不能讓孩子覺得理所當然，否則他出去伸著筷子翻菜，專挑最好的部分，會惹人嫌。

我建議對很小的孩子，你可以特別做個教育。就是擺幾個由大到小的果子在盤子裡，然後讓孩子挑，他如果想都不想，就挑最大的。你可以問他：「寶寶把最大的拿走了，大中小，一共三個，剩下中的和小的給誰呢？是給爸爸吃小的，還是媽媽吃小的？爸爸個子比較大，年歲也比較大，你最小，是不是應該爸爸吃最大的？你願不願意把最大的讓給爸爸？」

如果是很小的寶寶，可能還不懂，他會不願意讓，你必須一遍一遍教，教到有一天他懂。不能當孩子挑大的，你反而喝采，說：「寶寶真厲害！真會挑！」很多老一輩，甚至會帶點得意地說：「你瞧他！別看他小，他可不吃虧，專挑好的！」要知道，大人這樣做，是間接鼓勵孩子不禮讓。你希望孩子孝順、有禮貌、受歡迎，就得從小教。就算你打定主意給他，也應該教他先把最好的讓給長輩，再由長輩轉讓給他：「寶寶真懂事！知道把最好的給爸爸，爸爸想吃小的，大的給寶寶吧！」

「孔融讓梨」的教育是非常重要的！舉個很成功的例子：

我有位朋友從孩子小時候，每次有什麼好吃的，她就算不想吃，或者打定主意給孩子吃，也會先嚐一口，再交給孩子，免得把孩子慣壞。現在孩子已經近三十歲，有一天從外面買了根冰棒回家，剛要放進嘴裡，突然好像觸電似地抬起頭問媽媽：「媽！您要不要先嚐一口？」

為什麼我說她成功？因為她的孩子會自自然然地想到她，不覺得可以一人獨大。在小霸王橫行的華人社會，這應該是個很好的示範。

七、要教孩子不可偏食。

孩子從小能接受的食物種類愈多，他未來能享用的愈多，也愈能適應不同環境。尤其不能當孩子表示不愛吃某種食物之後，就總說：「他不愛吃××，不要給他！」免得孩子順著大人說的，愈發排斥那種食物，明明隨著年紀增長，他的口味已經改變，卻因為你那樣說，而不能突破。總之，他能接受的種類愈多，他未來的世界愈大、適應力也愈強。

八、小孩把手弄髒的時候，不能在身上亂擦，或者偷偷抹到桌子椅子上。

必須在桌面上找東西（譬如用餐巾紙）擦乾淨，如果把桌椅弄髒了，也得盡量自己善後。

吃完飯最好也教孩子去洗一下手，因為有些孩子餐具用得不熟練，常用手抓。下桌之後，「油手」東摸摸、西摸摸，難免弄髒環境，搞不好還帶進作業簿，把韭菜洋蔥的味道帶去給老師。

九、以碗就嘴，不是以嘴就碗。

這是老一輩常說的，現在除了喝湯，可以舀湯之後放進嘴裡，吃飯的時候，應該把飯碗端起來吃。就算小孩還沒力量把碗端起來，也不能放得離他太遠，造成孩子每次取食，容易掉在桌上。

很多孩子喜歡把杯子碗盤隨便擺，譬如把杯子放在眼前，盤子放在杯子後面，很容易把杯子打翻，都是不可取的，要從小就教孩子規規矩矩地用餐。

十、絕對不能把筷子或刀叉含在嘴裡。

因為非常危險，摔倒會造成嚴重的傷害。從孩子很小就要禁止他這樣做，包括不能拿任何尖銳的東西在屋子裡跑來跑去。你可以在網上找「筷子鉛筆插進眼睛的照片」給孩子看，雖然有點「可怕」，但為了孩子安全，有時候不得不這樣警告他。

十一、在餐桌上不能打鬧、不准玩手機和平板。大人交談時不能打岔，一定要等大人說完才開口，也不准口裡含著食物講話。

用餐時最好把電視關起來，免得小孩分心。問題是如果大人也邊吃邊看電視，就另當別論了。我兒子家吃飯時有規定，是大人小孩都不能玩手機。常常飯吃一半，孫女突然喊：爸爸或媽媽在看手機！接著就見他們把手機收起來。我覺得這是很好的教育，讓孩子覺得大人跟他是平等的。

十二、用餐中途不可吃甜點水果。

有些家庭會早早把甜點和水果一起放在桌上，造成小孩分心。但這也有個好處，就是告訴小孩如果想吃甜點，就得先把飯好好吃完。

十三、避免讓小孩吃形狀和大小容易堵塞氣管的食物。

大人可以把大塊的食物切成小塊，把圓圓的丸子切開，同時不要讓孩子吃太大口，也不准他們把食物含在嘴裡不嚥下去。

十四、比較大的孩子應該在用餐後幫忙收碗盤、擦桌子，把桌椅推回原位，甚至幫忙洗碗、丟垃圾、把剩菜收冰箱。

這樣做能夠增加親子間合作的樂趣，也讓孩子有責任心和成就感。當他養成習慣，到別人家作客也知道幫忙收拾，會給人留下很好的印象。

十五、孩子要提前離開餐桌的時候，應該徵求大人同意。

就算是一家人吃飯，也應該先說聲「我吃完了」，而不能逕自跳下椅子走人。如果在正式的用餐場合，更得先站起身，問父母和客人：「（先稱呼）能不能容許我先離開？」然後把椅子推回餐前的位置，再離開。

請不要覺得有點繁文縟節，你要想想，當你的孩子這樣做的時候，能給在場賓客多麼好的印象，恐怕立刻就會有人讚美你的家教好了。

孩子為什麼喜歡大人餵他吃飯

最後，談談餵飯這件事。我發現很多年輕的父母，談到小孩子吃飯，就要怨爺爺奶奶外公外婆，好像孩子要人餵，全是老一輩慣出來的。譬如說當老人不在的時候，孩子自己吃得好好的，老人一來，孩子就不會自己吃，非讓老人餵不可了。

首先從大人的角度讓我們想想，為什麼很多大人喜歡餵孩子吃飯？

第一，因為孩子用餐具的能力有限，不但吃得慢，而且容易弄得到處都是，事後大人得花很多時間收拾，大人餵，省事得多。

第二，餵的時候，飯來張口！孩子非但吃得快，吃得多，而且連碗裡有什麼東西都不一定看得清，比較不會挑食。還能多餵一點，讓孩子長得壯、長得高。我在網上就看到有人說，他家的孩子自己吃，隔壁的孩子奶奶餵，起初他笑隔壁孩子都餵成小胖子了，但是後來小胖子減肥，變得高挺英俊，足足比他家的高出半個頭，他又後悔了。

第三，因為餵孩子吃飯是一種樂趣，大人付出心力也付出愛，有成就感，孩子開心，大人也快樂。

再從孩子的角度想，小孩子為什麼喜歡被餵：

第一，因為自己吃飯很麻煩，尤其用筷子，很不簡單！連用勺子，小孩也需要經過很長一段時間的練習，才能抓準角度。所以孩子不喜歡自己動手吃。

孩子喜歡吃漢堡包跟薯條，而且不需要大人餵，就是因為他們好掌握，容易吃。

第二，當他們被餵的時候，眼睛和兩隻手都空出來，可以邊吃邊玩邊看電視。

從上面這個分析，餵飯，確實對大人跟孩子都比較省事，而且每個寶寶早期都得大人餵，真正的問題是要餵到多大？我曾經見過上初中還被餵的孩子。一家吃飯，孩子特別慢，到後來，媽媽乾脆把碗搶過去，一邊罵一邊餵。

我還在電視上看到個廣告，媽媽追著餵、孩子拚命躲，躲到桌子底下，媽媽就爬到桌子底下。且不說這樣做對不對，真正要操心的是怕這種寵愛，會影響小孩的人格發展，搞不好依賴性太強，後來變成媽寶。

最後說個有意思的事：

有一天我到朋友家吃飯，朋友先餵她已經小學三年級的女兒吃飯，接著端出一碗湯，放在女兒面前，小丫頭立刻哭了。我問那是什麼湯，那媽媽對我擠擠眼說：「嗨！豐胸湯！讓她發育好！」

只是，多年後，那媽媽又說她後悔這麼做了，因為餵女兒吃太多補品，造成孩子提早發育，長得不夠高。

所以我要說：孩子在四歲以前，必要的時候你還可以餵，四歲以後就應該訓練孩子自己用餐。孩子還小，可以循序漸進地教導，譬如四歲的時候經常在餵飯時給他希望，對孩子說：「你長大了！明年就五歲了！可以自己吃飯囉！」每次用餐都這麼說，讓孩子有心理準備，然後偶爾讓孩子試一試自己吃、練習一下、再讚賞一番，隔年就比較能夠「自然而然」地轉換成功。

第23堂

別逼你的孩子撒謊

談誠實教育

今天談教育當中非常重要的一項，就是如何避免孩子撒謊。

（首先我要為撒謊下個定義，廣義的撒謊是「講假話」，只要是明明知道自己說的與事實不符，還那麼說，就是「撒謊」。狹義的撒謊是，為了圖利自己或者圖利他人，故意說不真實的話來誤導別人。在這兒，我採取廣義。）

大家都知道《國王的新衣》的故事，大人們為了討好國王，明明國王身上沒穿什麼新衣，卻一個個撒謊說新衣服真好看。直到有個孩子說國王為什麼光著身子？謊言才被拆穿，因為小孩純真，是不會撒謊的。

進來一個怪叔叔

問題是小孩不會撒謊嗎？據觀察三歲的孩子就已經會撒謊，更麻煩的是，小孩不但會撒謊，還可能編故事呢！

我曾經看過一個心理學家的實驗：跟一班幼稚園的孩子說：「等下進來的這個叔叔是非常可愛、非常好的人。」然後讓這陌生的叔叔進來，在小孩間繞幾圈出去。接著老師問小孩剛才這個叔叔怎麼樣？明明那叔叔只繞兩圈就出去了，小孩們卻會說這叔叔有多好。相對的，事先跟幼稚園孩子說等下進來的叔叔是壞人，大家要小心，然後讓那「叔叔」進來也繞兩圈出去，再問小孩那叔叔怎樣，小孩們則可能說一堆叔叔這裡不好、那裡不好。很多內容根本是孩子們編出來的，也可以說小孩講了與事實不符的話。

黑白餅乾

還有個很著名的實驗，是給幼稚園寶寶每人兩塊白的、兩塊黑的餅乾，白的比黑的好吃得多。讓寶寶們各吃一塊。接著大人問哪一種好吃，小孩都說白的好吃。二話不說，大人就拿走小孩手上剩下的那塊白色餅乾。

隔天，每人再發幾塊餅乾，但是改了，故意把黑的餅乾做得比白的好吃。也照樣問小孩哪一種好吃。小孩們還是很誠實，說黑的好吃。大人又把小孩手上剩下的黑色餅乾拿走。

就這樣一而再，經過幾次，明明黑的比較好吃，大人問小孩哪種好吃的時候，小孩改變了，他們居然改口說白的好吃。因為他們知道自己說哪種好吃，大人就會拿走。

天生的撒謊家

從上面這兩個故事，各位想想，小孩是不是會撒謊？甚至有心理學家說：「撒謊的能力是天生的。」問題是，第一個例子裡，小孩說後來的那位叔叔這裡不好、那裡不好，是為什麼？是因為老師先給了他們暗示啊！結果小孩跟著那個暗示編織了謊言。

第二個例子裡，小孩為什麼撒謊？因為他們知道講實話就會失去好吃的餅乾，一次又一次的經驗，使他們為了保有自己喜歡的那種餅乾而撒了謊。回頭想，小孩確實撒了謊，但那是有原因的啊！

別逼孩子說假話

所以要避免小孩撒謊，首先大人要檢討，你有沒有暗示、鼓勵，甚至逼迫小孩撒謊？

舉個例子，你小孩在幼稚園（或者小學）跟同學打架，第二天兩邊家長都到學校了。當著家長和老師，你說你孩子被打了。老師問：「打得痛不痛？受傷了嗎？」你的小孩說：「還好不痛，沒受傷。」這時候你跳起來，抓著孩子大喊：「誰說不痛，你這裡那裡不是很痛嗎？不是受傷了嗎？」小孩說：「其實不痛。」

且不問你小孩哪一句話是真的。當你用這種方式反應的時候，以後發生同樣的事，他會怎麼說？還有，這一次到底痛不痛？他會不會改口說「很痛」？你反而失去知道真相的機會。

孩子誠實、大人吃虧？

再舉個例子！你帶孩子出去買東西，算帳的時候店員少算了一樣，你孩子立刻說：「少算了一樣！這樣沒算！」

多棒啊！你的孩子多誠實啊！店員立刻誇了他，你是不是也該誇他？結果，你確實誇他，逢人就說：「我這孩子可老實了！今天帶他出去買東西，人家少算一樣，他還提醒人家，說少算了！各位瞧瞧，他老實不老實？」

你確實是誇他了，不像有些糟糕的大人，反而會罵孩子多嘴。害大人明明可以省下的錢沒省下。問題是，你那語氣像誇讚嗎？

為孩子吹噓，教孩子虛誇

小孩撒謊常常是跟大人學的，再不然是受大人暗示的。

最常見的例子，是你可能為了面子，會跟外人吹你孩子。譬如成績單發下來，他明明多半科目都很爛，只有兩科特棒。你逢人就吹：「我家這個啊，有好幾科都拿第一。」

請問你這話聽在孩子耳朵裡，他要怎麼反應？他立刻糾正你，說：「只有兩科啦！其他都不及格。」然後回家挨你一頓臭罵？還是最好別吭氣？

這樣的情況多了，你的小孩也學會了掩飾、學會了吹牛、學會了撒謊！他撒謊是不是跟你學的？你雖然沒有明著教，也暗著教了啊！

只聽好消息的父母

小孩撒謊更可能是被逼的。

舉個例子，今天你孩子放學回來，說學校考試了，你問「考幾分」，他說九十七分。你立刻興奮地說：「考這麼高分啊！真棒！別人多半比你差吧？」

小孩很誠實，說：「別人多半考一百。」這時候你怎麼反應，你的笑臉會不會一下子變得鐵青，搞不好還一巴掌過去？

如果你這麼做了，下次同樣的情況，你小孩還會說別人都考一百嗎？還是改口說他不知道。你如果追問：「什麼不知道？人家是不是都比你好？」

這時候，你小孩要怎麼答？他乾脆撒謊，說別人都很差。如果你還追問，大毛考幾分？小豆考幾分？他會不會開始編：「大毛……大毛八十九分，小豆……小豆好像七十分。」

這下麻煩了！你孩子原本是誠實的，他不願意撒謊，又怕你打罵，所以說「不知道」，只因你繼續追著問，他居然不得不編造謊言。

撒謊的孩子容易叛逆

人只要一編造謊言，就麻煩了！因為他很可能得用別的謊言去掩飾先前的謊言。有些小孩沒幾句實話，那撒謊的習慣就可能是這麼養成的。

更糟糕的是，哪個孩子愛撒謊呢？尤其對爸爸媽媽，怎麼能撒謊呢？所以當他撒謊，內心會有矛盾和罪惡感。這時候他可能開始躲著你，有些孩子放學就一頭衝進他自己的房間，連吃飯都不敢抬頭看四周，為什麼？是他怕大人問哪！連大齡未婚的孩子，逢年過節不敢回家，都常因為怕人問：「什麼時候結婚哪？」

你會希望孩子跟你不親近嗎？你希望他躲著你嗎？

同樣的，孩子騙了父母，有罪惡感，那罪惡感可能因為內心掙扎，成為另一種表現，就是態度不好。尤其進入青春期的孩子，可能變得特別叛逆，又因為躲著父母，放學乾脆在外遊蕩，不回家，更可能變壞。

了解了這一點，你希望孩子誠實，先得以身作則，避免撒謊，更要避免引導孩子撒謊，或者逼迫孩子撒謊。

《菜根譚》裡有兩句話說得好：「攻人之惡，毋太嚴，要思其堪受；教人之善，毋過高，當使其可從。」

當你懷疑孩子撒了謊的時候，如果是很嚴重的，你非給他嚴厲處罰不可。但是首先，你別當著人面拆穿他。因為那既傷他的面子，也傷你的面子。為了怕這「兩傷」，明明他原先想認錯，也會變成死不認錯。

這時候你要先壓住自己的情緒，把情況緩和下來。譬如你把孩子帶進你房間，或者你去他的房間，坐下來，還不是面對面坐，好像審問，而是並排坐，然後把聲音放緩說：「來！

告訴媽媽，你是不是沒說實話？跟媽媽還有什麼不能講的？媽媽總會心疼你、理解你、原諒你，也會請爸爸原諒你。出了問題，要面對，如果你不能解決，媽媽爸爸會幫你一起來解決。」

找出真相，不是戳破謊言

千萬記住！你要的是真相，不是繼續的謊言。你要的是懸崖勒馬，不是繼續往下衝。你也不要以為你發現他撒了謊，狠狠處罰他，他以後就不會再撒謊了。要知道，因為你那窮凶極惡地處罰，以後他可能確實不敢撒謊；但是也可能想到你兇神惡煞的樣子，他更要撒謊了。因為當你的大棒子打下來的時候，能立刻避免挨揍的方法就是撒謊。

我曾經在處世書上寫過這麼個故事：

有個公司老闆對屬下很嚴厲，平時出了一點小錯，就要大張旗鼓地檢討，但是有一天出了大問題，老闆知道了，居然沒有像以前那樣暴跳如雷，他只是把員工都召集在一起，找出問題出在哪裡，再帶著大家日以繼夜地想辦法解決。事情過後，有人問他怎麼脾氣改了？老闆說：「小錯大作、大錯小作。」平常有小毛病，要大作，讓大家不能鬆懈，真出了大事，還能先冒火嗎？好比孩子在街上亂跑，差點被車撞到，拉回來一頓臭揍。真被車撞了，孩子躺在那兒，還先給他一巴掌嗎？

誠實比成績重要

最後我要說，你希望孩子誠實，先要自己表現得真誠，更不能誘導孩子撒謊。像前面舉的例子，當他主動說店家少算了錢的時候，你要真真誠誠地讚美，甚至檢討自己，說：「我真糊塗，沒發現，幸虧孩子細心。」使得在孩子心中，他不但誠實，而且幫助了你，避免了錯誤的發生。

如果你孩子確實兩科考第一，五科不及格，你就坦坦蕩蕩地說實情。就算你顧面子要掩飾，也可以說：「兩科考第一，其他甭提了！」別人追問，你還是說「甭提了！」於是你孩子既學到了坦蕩，又學到了說話的技巧，就是：「我可以不說，但是既然說，就要說實話。」

如果你孩子考九十七，他很誠實地說別人都考一百。你非但別不高興，而且應該為他喝采，甚至抱抱孩子，說：「你很誠實，媽媽欣賞，媽媽讚美！因為誠實比成績更重要！」

別教魚去爬樹

談孩子隱藏的才能

第24堂

不久前我參加個歐洲的旅行團，二十八位團員裡我印象最深刻的是個頑童，當導遊講解的時候，他可能自己一個人走到對街去看櫥窗，當我跟同桌的人說笑話的時候，他會突然站起來起鬨要我說給全團聽。還有，就是他很容易迷路，有一天大家都走回旅館了，不見他，原來他落在後面，迷路了，他沿街問路，卻不知旅館的名字，最後終於想起旅館好像以前是個皇宮，對方一笑指著對街：「那不就是嗎？」

因為他很會起鬨，譬如吆喝大家去買同一種帽子、同一種皮夾克，然後合影。而我不愛買東西，所以跟他接觸少些，直到旅途過半，才發現他居然是個奇才，十九歲進研究所，二十出頭已經得到耶魯大學的博士學位，現在擁有幾千員工的公司。旅行結束，我太太跟那「頑童」的太太通微信，說：「我老公最欣賞你家那個怪胎。」

——天才常是怪胎——

天才常是怪胎，有時候還可能被認為是自閉或智障，因為他們常常因為大腦裡某一塊地方特別發達，讓另外的地方變得遲鈍，而且這是有科學根據的：

倫敦的計程車最難開

譬如倫敦的街道大概是世界上最複雜的，因為本來是個走馬車的老城，巷道窄，加上二戰期間被德國人炸毀許多建築，後來重組重建，街道真是彎七拐八，連倫敦人自己都常摸不清。

所以倫敦的計程車司機都要考試通過才能上路，那考試非常難，必須記住市中心兩萬五千條街道跟幾千個景點。平均要準備四年才能考，而且有一半人根本無法過關。倫敦大學的教授作了個研究，他們找了七十九位計程車的受訓學員和三十一位一般的駕駛，用核磁共振的技術追蹤他們受訓前後大腦的變化。發現其中三十九位後來通過考試的計程車司機，大腦裡主管記憶的「海馬迴」（hippocampus）靠後面的部分變得比較大，其他人則沒改變。可是海馬迴後面變得比較大的，前面就變小了，跟其他人比起來，記路線的本事雖然強些，一般記憶卻退步了。

大腦因使用而改變

這個實驗證明：雖然三歲以前的幼兒時期是腦部發育最關鍵的階段，但是長大之後，大腦還是會隨著使用的情況而有改變。譬如我前面曾經提過的，學習小提琴的人，因為左手要按弓弦，需要非常多的技巧和練習，造成主管左手的右腦會變得比較發達。學小提琴不太會早於三歲，所以右腦的改變是後期的。

今天一開始，我為什麼要談這些？因為我要告訴各位爸爸媽媽不要太早為你的孩子下結論。人各有才，老天又很公平，當你小孩在這一部分特別傑出，可能另一部分會比較弱。

反過來想，也別認為你小孩不會讀書，天生駑鈍，其實只要你細心發掘，很可能發現他有奇才。達斯汀．霍夫曼（Dustin Hoffman）演的《雨人》（Rain man）裡，被認為是智障的主角，不是就證明他有驚人的能力嗎？多少過目不忘，能記住一生每一天事情的人、能記住圓周率小數點後面幾千位數的人，都是奇才，但也都可能有他們笨的地方。話說回來，如果不去注意，這些人的奇才也可能一輩子不會被發現，就算發現也不能被發揮。

所以網上流傳一句話：「沒有醜女人，只有懶女人。」我則要說：沒有讀不好書的人，只有不會讀書的人。當你發現你的孩子成績差，不要氣餒，你要做的是先觀察他為什麼讀不好？是因為記憶力太差？不能專心？沒遇到他喜歡的老師？還是沒有用對讀書方法。

一目十行一定好嗎？

提到記憶力，很多父母都以孩子的記憶力來評量聰明不聰明，認為一目十行的絕對是天才。在這兒我要提出個簡單的問題：當你讀一首詩、一篇文章，慢慢讀、慢慢看，還要一而再、再而三地品味，如果一目十行，你能夠深入地欣賞嗎？你能夠深入地思考嗎？

你可能看到了！全會背了，卻沒有思想啊！

不知道大家有沒有看過個故事，清代有位書生記憶力很差，有一天書生不在家，進了小偷，正好書生回來，小偷趕緊躲到床下，一夜聽見書生在背同一篇東西，念過來念過去，結結巴巴，不是忘了上句就是忘了下句。整夜過去了，小偷實在憋得受不了，從床底下爬出來對書生說：「我都會背了！你太笨！別背了吧！」

那書生很死心眼，繼續努力，參加考試，一次不中、兩次不中，第三次才上，帶兵打仗也是屢敗屢戰，最後終於成功。書生是誰？是「晚清四大名臣」之一的曾國藩！

大概因為曾國藩的記憶力不夠好，可能十目也看不了一行，所以他曾經說過：「為學不可全恃明快，要思量到遲鈍處。」也可能正因為他深入鑽研，思量到遲鈍處，所以能成功。

明明是天才，小時候卻被認為是蠢材的人太多了。愛迪生小時候就被認為是低能兒被退學；王守仁五歲大了，還不會說話，也被認為有問題；連愛因斯坦都曾經因為功課不好被退學，就算他已經發表了「相對論」，第一次到紐約出席記者會的時候，還有記者考他知不知道音速是多少？當時愛因斯坦想都沒想就回答：「不知道！」記者說：「您這麼偉大的科學家，怎麼連這都不知道？」愛因斯坦說：「何必記得？去查就知道了啊！」

別教魚去爬樹

人的智慧有許多許多種，有的人擅長記憶，真是過目不忘。有的人不會記，卻會想，連最簡單的蘋果落地都要想出個萬有引力定律，像是牛頓。有的人出門就找不到回家的路，像是大畫家溥心畬；有些人是在學校功課奇爛卻特有音樂才華的，像是李宗盛；有人是中學時代每年總有兩科不及格，卻得到全臺灣演講和國畫第一名的，像是劉墉。

所以當你覺得自己的孩子實在笨的時候，要想想，他們說不定在另一方面會是天才。也可能他小時候不行，長大就成了！愛因斯坦說得好：「每個人都是天才，但是如果你要一條魚去爬樹，那條魚這輩子都會覺得自己很笨。」

了解了這一點，每位父母必須先知道自己的孩子是魚還是熊貓。如果是魚，你不能要牠爬樹；如果是熊貓，你不能逼牠潛水。如果是魚，你要給牠大片的水；如果是熊貓，你要給牠大片的竹林。最重要的是，即使你發現他一無是處，也不能否定他。他絕對有才能，只是你還沒發現。不否定他有他的長處，是你教育他走向成功的第一步。

認識自己最重要

記得我以前在高中教書的時候，發現班上有個學生每次總有根手指纏了紗布，我就問他為什麼？他說因為他笨，背書總是記不住，為了加強自己的記憶力，也因為恨自己太差，他會用小刀割傷自己。一根手指的傷還沒好，又割了另一隻手指。

我把他責備了一頓，也鼓勵了一番。我說你真笨嗎？你可能只是背書的本事比別人差點，問題是你何必只比這一項呢？你別的科目比別人差嗎？人要先認識自己，知道自己有長有短，不能要求自己每一項都比別人強。

當時臺灣的高中生，每個禮拜都得繳書法作業。這學生寫毛筆字也特殊，明明有格子，他非寫出格不可，不是左邊落筆重了，就是右邊一筆寫得特別長。問題是，如同他會自己對自己「下重手」，他的個性強，字也強，可以說他有控制不住的衝動，他的字，乍看醜，卻特有味道。所以我第一次批改，給他評分打甲下，還用紅筆圈了幾個特別有神采的字。

書法作業發下去，我看他接過作業，嚇一跳，還偷偷看我，大概心想這個新來的導師有毛病，以前他都拿丙，我居然給他甲下。但是我接著把他叫進來，說老師沒看錯，你該拿甲下。因為字寫得漂亮不難，寫得有味道、有特殊的丰神難。你去看看黃庭堅的字，就跟顏真卿不一樣，連一筆都不平平順順地寫，好像中間有些頓挫，但是正因此，他的字特別有風骨。然後我要他試著控制自己，別寫出格子。他聽了我的話，高高興興地回去照做，起初還控制不住，後來愈寫愈好，還參加學校書法比賽得了獎。

這就是先認識魚，別讓魚去爬樹，再給他水，讓魚優游。每位家長和老師，請好好看看你的孩子，他的天才點在什麼地方？是不是藏著，等著你們去發現？

今天先講到這兒，下次進入實用的，談開發腦力、增強記憶的方法。

第 24 堂：
別教魚去爬樹——談孩子隱藏的才能

第25堂

談加強記憶的方法

讓你的孩子變得更聰明

今天要跟各位談談怎麼增強孩子的記憶力。這個題目乍聽有點深，換個說法會既簡單又吸引人，也就是「怎麼讓孩子更聰明」。

天哪！聰明不是天生的嗎？還有方法可以改變？當然可以！上次不是說了嗎？後天的訓練也可能改變大腦，就算不能改變很多，最起碼可以用方法讓大腦使用得更有效率。

足比電腦的人腦

我們的大腦皮層，只有四張Ａ４影印紙的大小，但是足比電腦，它的容納量可驚人了，一個人大腦的儲存量，可以容納美國國會圖書館全部藏書的五萬倍。這麼厲害的大腦為什麼還會忘東忘西？很簡單！做個比喻你就了解了！大腦好比一個超大的倉庫，既深又廣而且一層疊一層，如果你把東西存進去，剛推進大門，放在門口附近，好比短期記憶，馬上學、馬上用，臨時抱佛腳，立刻上考場，要找還比較容易！但是因為運進去的貨太多，不斷有新貨進來，如果你不能把短期記憶變成長期記憶，早先記得的東西，隔一陣就難找了。

所以談到加強記憶力，最重要的就是遇到好東西，除了能夠短期記憶，而且要轉成長期記憶，不是一個勁地把東西往他腦裡塞就成了。好比你教五歲的孩子背上百首唐詩，如果不再複習，過幾年孩子幾乎忘光了，意義是不大的。

增強記憶的方法很多，幾千年前希臘羅馬人就發明了「羅馬房間」（Roman Room）的記憶法。近年來更有不少超強記憶力的訓練班和各種參考書，但是好像真能變得超強的人不多，所以我今天不談理論，談實際！因為我就是個記憶力很差，卻被認為記憶力很強的人，我把自己怎麼將弱項變強項，或者怎麼把自己笨的地方隱藏、改造，變得比較聰明的方法說給大家聽：

一、用形象來聯想

首先我們要知道：單獨的名稱，如果不跟其他東西連接在一起會比較難記。譬如我很不會記人名，我那社區上百戶人家，我雖然認識不少，但是絕大多數叫不出名字。偏偏奇怪了，我能記得每家狗的名字。我後來想出原因了，因為狗的名字常常跟那狗的長相有關係，譬如白色的叫「小雪」，紅色的叫「紅寶石」，就算沒有相似的名字，有隻圓圓胖胖、結結實實的名叫「奧迪」，我因為把牠跟「奧迪」（Audi）車想在一起，而牢記牠的名字。

二、編個故事就記得了

有一天我在飛機上看雜誌，翻到最後面，是星座運勢，旁邊的朋友問我記不記得這十二星座，我說不記得。朋友笑，說他也不記得，但是我記憶力這麼好，應該記得。我說：「講得有理！」然後拿起來看了一分多鐘，對他說：「好！我記得了！不但記得每個星座的名稱，還記得順序。」

朋友不信：「真的？」我就把雜誌交到他手裡，背給他聽，一個也沒漏，果然顯示我超強的記憶力。問題是，我真有超強的記憶力嗎？錯了！我只是編了個故事：「白羊跟金牛談戀愛，生了兩個孩子（雙子），他們長得很巨大（巨蟹），像獅子一樣壯，但是同時愛上了一個處女，天天作色魔（天平、天蠍、射手、摩羯），結果被天神懲罰，成為關在瓶子（水瓶）裡的兩條魚（雙魚）。」

換作你，是不是也馬上記得了？因為原本沒什麼道理可講的星座名稱，當我把它編成一個有趣的故事就容易記了。

三、三條腿記憶法

有一天我看電視上報導「昆明街九十七號的牛肉麵特棒」，別人馬上就能記得了，我這個笨蛋，卻不得不用個方法，我先想：「雲南的省會是昆明，昆明我去過，看了世界花博，太棒了！」再想「一百減三等於九十七」。

我為什麼繞這麼大的圈子記那麼簡單的事？因為我憑空記不住，好比我做個桌子，一隻腳站不穩，兩隻腳也不成，三隻腳就穩了！所以當別人隔不久就忘了的時候，我過二十年，只怕那家店早不見了，我還能不忘。為什麼不忘？因為昆明的花博很精彩，一百是個很實在的整數，三！三民主義、事不過三、三人行、三劍客，最常見。把這三個組合在一起就穩了！

三條腿的記憶，說得簡單一點就是你雖然只記一個東西，但是在記的時候多加一些聯想。再舉個例子，我四十年前在美國南卡認識一位美術館的館長叫麗莎，單獨麗莎這個名字我是記不住的，我就想羅浮宮美術館裡收藏了達文西的名作《蒙娜麗莎的微笑》。因為美術館、羅浮宮、達文西、蒙娜麗莎，跟麗莎綁在一起，就結實了！到今天別的館長名字都忘了，我還記得那一位叫麗莎的館長。

各位這下子就知道笨人也有聰明方法了吧！

四、循序思考的記憶法

好比飛機正副駕駛常常檢查儀錶設備的時候，要按規定一項一項循序複述，才不致於遺漏。

又譬如整理行囊：如果你要出去旅行，行前整理行囊，你怎麼整理比較不會忘東忘西？你打開衣櫃？拉開抽屜、鞋櫃？一樣一樣找，還是用個方法，排個順序？

你是不是可以用「自己」去想？從頭想起，要不要帶帽子、雨傘或雨衣？帶髮膠、梳子、化妝品、太陽眼鏡、老花眼鏡，或者多帶一副眼鏡備用？去冷的地方要不要帶護唇膏？要不要帶領帶、首飾、圍巾？帶汗衫、襯衫、西裝外套、夾克、羽絨衣或大衣？帶皮帶、內褲、短褲、長褲，甚至毛褲？帶襪子、鞋子，運動鞋、皮鞋，甚至高跟鞋？然後你再從裡往外想「袋子」，先想「胃袋」吧！要帶什麼藥？要不要帶點零食？去扒手橫行的國家，要不要帶個貼身的腰包？裡面放多少鈔票？外套內袋裡是不是也得放護照、信用卡？護照要不要先影印？留在不同地方？以防遺失後出示證明？外面口袋是不是得帶些好掏的零錢？家裡的鑰匙是放在腰包還是藏在行李裡？手機要不要放在有拉鍊的口袋？

如果你順著從頭到腳、由裡到外的順序一路想，是不是比你東抓一樣、西抓一樣保險得多？

經常出差的人還有個方法，就是列出個基本的表格，每次一樣一樣檢查，檢查一樣勾一樣，這跟飛機正副駕駛起飛前檢查複述一遍的道理相同。

好！現在回到孩子身上，你可以教他們用順序思想的方法，譬如你今天帶他去動物園，回來之後，問他看到哪些動物。他很可能東想一樣、西想一樣。這時候你告訴他：「從一進門想起吧！你最先看到什麼，小鳥還是大象？」然後要他一路想，想到離開動物園。

當孩子想的時候，他不單是想，而且腦海裡會「重現」那些動物，甚至在看的當時發生的事，譬如猩猩爬到籠子前面、熊貓掛在樹上、老虎大吼一聲。原本這些畫面他很容易忘記，但是經過這一想，等於再玩了一次，印象就深刻了。以後他在學校碰上老師要他作文，譬如寫遊動物園、遊樂場、博物館、風景區，他不知道怎麼寫，你只要教他用這種視覺順序的方法，一樣一樣描述，會容易得多。

談到作文，很多文學家都是通過視覺的路線寫作，你要背他的作品很容易，就是依照他的視覺路線去想。舉個例子，中學課本裡一定會有的《桃花源記》，那根本像拍攝電影，而且是一個鏡頭跟到底。隨便挑一段：

「林盡水源，便得一山，山有小口，彷彿若有光。便舍船，從口入。初極狹，才通人。復行數十步，豁然開朗。土地平曠，屋舍儼然，有良田美池桑竹之屬。阡陌交通，雞犬相聞。其中往來種作，男女衣著，悉如外人。黃髮垂髫，並怡然自樂。」不是好像有個鏡頭跟著漁人一路拍攝，由大遠景的「土地平曠，屋舍儼然」，逐漸把鏡頭往前推，拍攝到「良田美池桑竹之屬」，再往前拍特寫「其中往來種作，男女衣著，悉如外人」，再成為大特寫的「黃髮垂髫，並怡然自樂」嗎？接下來就是跟漁人見面：「見漁人乃大驚……」。

五、再三複習，帶到夢裡去記憶

把新學到的東西、新去過的地方，在腦海裡重新想幾遍，是增強記憶最好的方法。所以當你教孩子背東西的時候，不必要求他一次背好，因為就算他記住了，考試也考出來了，卻可能才考完，就忘了一大半。只要時間允許，你可以今天要他背一點、明天叫他背給你聽，他忘了就提醒他一下。甚至睡覺之前，你還可以像做遊戲似的，再跟他複習一遍。這種分段式的學習、再三想，想不通再看，看了再想，而且用睡覺作夢時加強記憶的效果是最好的。因為睡眠當中，腦海會去蕪存菁，重新整理白天學到的東西，所以有些心理學家會建議最好在睡覺之前背誦。

連達文西都說，他發現晚上躺在床上凝視黑暗，在腦海中重複白天所學的東西，不但能幫助了解，也能幫助記憶。

孩子看故事書，你也可以給他好幾本，讓他跳著看。因為書裡的故事多半連貫，他每次拿起一本看一半的故事書，都得回想前面看過的情節，想不起來，還得再翻一翻，這也是不斷複習。加上每本書的性質可能不同，他更有新鮮感，而感興趣的學習會是最好的學習，孩子學得開心，也記得牢。

今天說的這些，你馬上就可以自己實驗，也可以馬上用來教孩子。但是請記住，當孩子回想的時候，千萬別急著提醒他、幫他。你要讓孩子自己想，因為「拚命想」也是訓練腦力的方法。

第26堂

放在心上不易忘

事半功倍的讀書方法

今天要繼續談增強孩子記憶力的方法，順便透露一下我這個小時候不用功的學生怎麼應付考試。

前面說過，我高中時候年年都有兩科不及格，幸虧學校有暑假輔導，輔導的考試及格，就算補考過關，所以我年年要留級，又年年升級。考大學也一樣，聯考前學校裡辦的模擬考試，我沒有一次上榜。沒想到參加聯考，我居然以高分上了第一志願。放榜的時候，因為我姨丈是記者，前一天就告訴我金榜題名了，但是第二天學校門口貼出榜單，我還是跑去看，要親眼確定一下。天哪！看了半天，我姨丈明明說我考上了，我卻找不到自己的名字。擠到榜單前面細細看，才發現有一個地方被扎了好多洞，隱隱約約看到是我的名字，原來是同學用原子筆扎的。一個個同學過來一邊賀喜，一邊揶揄我：「原來你來陰的，在學校玩，其實在家偷偷用功。」

堅持自己的讀書規劃

我為什麼模擬考都上不了榜，後來卻能考得不錯？今天就來說說我的方法：

因為我高中總是搞社團、畫畫、寫文章，功課確實爛透了。直到聯考前一個半月才驚覺，我不能再混了。於是我擬了一個讀書計畫，先算出距離聯考還有幾天，再把需要念的書照那些天來分配。也就是說無論如何，我每天非念多少不可，否則一定念不完。

學校的模擬考試我完全不管，因為模擬考試是高中三年一起考，我卻是才從高一的開始看，每天看一部分，所以模擬考的東西除了我已經看過的前面一點，其他都還沒看到，當然考不好。老師同學警告我「完蛋了！」我也不在乎，只管照我的計畫準備。

問題是，距離聯考已經很近了，我每天必須讀的東西實在沒辦法記得牢，往下拖嗎？不行！一天也不能拖。這時候我用個方法，就是把那些不好記的，或者怎麼都背不下來的東西，寫在課本的邊上，有時候用圖畫的方式記，好像畫個「四格漫畫」，有時候只寫一行字，甚至一、兩個字。

然後，每天拿起書，就算我要讀的是第五章，我也從第一章翻起，很快地掠一遍。起初都得停下來，看看提示，再看看課文，但是就這樣，每天翻一下，後來每頁只用一秒鐘翻過去，也能想起其中的內容，很多原先記不住的居然都記住了！我後來讀不少心理學及有關記憶的書，發現當時這麼做，正合於加強記憶的理論。

分期付款好過一次付清

首先，我一遍一遍看，每天看一下，每次讓我寫在旁邊的重點，很快地閃過眼底、掠過腦海，是「重複學習」。每個人的記憶都有「短期記憶」跟「長期記憶」，要把短期變長期，真記住、記得久，就必須一次又一次重複學習，加深印象。很多人臨時抱佛腳，用了短期記憶，但是考完沒多久忘了大半，就是因為他沒有再複習。舉個很簡單的例子，如果你孩子五歲能背一百首唐詩，你四處帶著他去「秀」。但是他上小學之後，功課忙，你不再要他表演。等他十歲，他還能記得幾首？

但是相對的，如果你隔一陣，就提出幾首，講那詩的第一句，要孩子接下去。這樣把他原先會背的一百首詩，輪著複習。這麼做下去，到他十歲，那一百首詩，是不是他多半還能記得？為什麼？因為他不斷複習了，那些詩由他的短期記憶，變成了長期記憶。結果，你的小孩沒花多少力氣，卻有背誦百首詩的能力。如果他長大之後，還常回想一下，那上百首詩可能跟他一輩子，偶爾秀一秀，足以讓大家驚歎。

維持寶貴的母語

學習語言也一樣，我在美國常想：為什麼有些孩子六、七歲跟著父母出國，後來把中文全忘了，說得結結巴巴，還帶著洋腔洋調。又有些孩子同樣時間出國，中文卻一點都沒忘，說得溜極了？

很簡單！那些忘了的，常因為父母忙，難得跟孩子講話，再不然要說也說英語，加上孩子在美國根本是英語環境，後來你要跟他講中文，他也用英語回答。日子久了，當然中文會生疏。至於不忘的，八成因為父母或者祖父母，就算在國外也堅持說中文，孩子六、七歲學的語言，後來不斷被提起、被使用，自然不會忘。

不只在家裡講，大人帶著孩子閱讀也很重要，因為口語的詞彙很有限、內容也比較單調，多半只是家常瑣事，這樣的孩子英文程度漸漸高了，中文的詞彙不夠表達，就比較不愛說，或者只會說日常生活用語。

（近二十年中國經濟起飛，美國公司紛紛往中國跑，那些還能講中文甚至能寫能讀的年輕人，一下子全神了！所以現在海外教漢語的學校愈來愈多，移民家庭也愈來愈知道母語的重要。）

不鬆懈就能不忘記

回頭講我準備聯考，我堅持就算已經念到第六冊，每天還是從第一冊翻一下，好像走馬看花，啪啪啪啪，快速翻過去。居然到考試那天，不但沒忘前面的，而且因為不斷複習，記得更清楚。相對的，好多同學為了配合模擬考拚命趕進度，雖然當時考得不錯，其實記得不夠牢，很多人到考場一緊張，反而想不起來了。

了解了這一點，如果你作老師，或者你希望孩子能學得紮實，很簡單！你每次考試，連前面的一起考。我在美國大學教書就這樣，一學期三次小考，我跟學生講明白，每次都會連前面考過的一起考（其實我考不到五分之一，有時候只有十分之一），等到學期末大考了，學生居然說準備我這一科特別輕鬆，因為平常就複習了。

算一算，他們複習多花了多少時間？其實沒多少，你孩子上禮拜在學校默寫的文章，你這禮拜要他再背一遍給你聽，他需要花多少時間準備嗎？因為記憶還清晰，當然不用！要知道，孩子總把功課掛在心上，單單他掛在心上，就能讓他比較不會忘。

讀書要放在心上

不論教孩子或你自己，讀書都應該放在心上。只要你覺得有用，就應該盡量放在心上不忘記！「溫故而知新」！「溫故」跟「知新」一樣重要，一個人能常溫故、不忘所學，就等於新學了東西。何況隨著年歲增長，你小時候背的詩、讀的《論語》，年歲大了再想起，感覺會很不一樣。最起碼你小時候看「父母在，不遠遊，遊必有方。」或者「身體髮膚受之父母，不敢毀傷，孝之始也。」當時沒什麼感覺，當你自己有了孩子，感觸就大不相同了！

用不斷提醒的方式、增強孩子記憶力，使他的短期記憶變成長期記憶，還有個好處：幼兒能記得的事情不多，五歲以前的事多半不能記得，但是有個方法，就是不斷提醒他，讓他回想。我有個朋友，說他十歲的孩子能記得很多幼兒時期的事，我問他有什麼特別的方法嗎？他說拜手機之賜，因為孩子總拿他的手機過去看，看裡面的照片，一邊看一邊說：「這是我去迪士尼！」、「這是我過生日，那天大毛、小毛、大寶、小寶都來了！」

如果孩子四歲去的迪士尼，你中間沒再帶他去過，到他十歲，你問他記不記得，他可能沒印象。只有你帶他去迪士尼回來之後，隔不久就拿照片給他看一次，讓他回憶，隔不久，再秀一次。這跟背書的道理一樣，就是趁著新的記憶還沒淡掉，就不斷地重複加強。你想想，如果你用這個方法，讓孩子能記得好多小時候的溫馨時刻，不是很美嗎？

一個畫面、一堆往事

用照片或者影片來加強記憶還有個好處，舉個例子，有時候新商品推出的時候，廠商會花大把銀子，作電視廣告，那廣告可以拍得像「微電影」，一演就是幾分鐘，廣告費可不得了！但廠商願意砸錢，在電視上一播再播。

但是漸漸地，廣告變短了，原本有三分鐘，後來變成兩分鐘、一分鐘、半分鐘，最後只留十秒。問題是，雖然你只看到十秒鐘的畫面，卻能讓你想起原先整個三分鐘的情節。十秒的廣告是提示，因為前面印象深刻，中間沒演出的，都用你的記憶補足了。

再隔一陣，可能電視廣告也沒了，改成報紙廣告、海報廣告，只有當初三分鐘廣告當中的一個畫面，你居然也一眼就能想起整個電視廣告的情節。

所以，如果你想讓孩子不忘以前學過的東西，可以經常給他看以前的照片、影片，甚至只是隔一陣，把他看過的書拿出來，在他眼前晃一晃，都有用。

雖然我沒有常拿女兒小時候的照片給她看，但是當她二十歲的時候，有一天我把以前的錄影，轉到光碟上，順便放了二十年前，我為女兒換尿布的畫面。居然從那一天，我發覺女兒跟我變得更親了。

所以我要說：別急著一路拍新的照片，也要常把舊照片拿出來給家人看。那會使大家的記憶變得更豐富。

記憶豐富、不忘本、不忘情，就能擁有豐富的人生。

第27堂

談活學活用的技巧

用靈活的方式加強記憶

要加強孩子的記憶力，讓他們讀書更有效率，還有個方法，是好比抓老鼠：你發現老鼠躲在洞裡，不小心露出一根細細的尾巴，這時候你只要抓住牠的尾巴，就能把整隻老鼠拉出來。

從金磚五國到歐豬五國

舉個例子：「金磚五國」（ＢＲＩＣＳ），是用五個國家名稱的第一個字母組合，你只要想ＢＲＩＣＳ五個字，就可以想起巴西、俄羅斯、印度、中國和南非。

「歐豬五國」（ＰＩＩＧＳ）也一樣，你用五個英文字，就能想起葡萄牙（Portugal）、義大利（Italy）、愛爾蘭（Ireland）、希臘（Greece）和西班牙（Spain）。可以說那第一個字母就像老鼠露在外面的尾巴，你只要用一個字母往下想，就能想起整個國家的名稱。這樣做除了容易記，還有個好處是不容易遺漏，如果你憑空去想那四個或五個國家，很可能想來想去，硬有一兩個想不起來，用這種方法就不會漏了！

從大學八目到華沙條約

中文也一樣啊，譬如儒家在《大學》裡講的「八目」，也就是「格物、致知、誠意、正心、修身、齊家、治國、平天下」。如果你硬記，不容易！但是當你只記那開頭的幾個字：「格致誠正修齊治平」就容易多了。

你還可以用這方法記更複雜的東西，譬如簽訂「華沙條約」的國家，是保加利亞、捷克斯洛伐克、德國、匈牙利、波蘭、羅馬尼亞、阿爾巴尼亞和蘇聯。天哪！八個國家多難記！但是你只要把這八個國家名稱的第一個字，組成有意思的句子，譬如：「阿寶兄姐的波蘿酥」特別好吃，就成了。「阿寶」是阿爾巴尼亞、保加利亞。「兄姐」是匈牙利、捷克。「的波蘿酥」是德國、波蘭、羅馬尼亞和蘇聯。不是兩三下就記起來了嗎？所以下次你孩子碰到很難硬背的東西，你可以教他這樣排列組合。

很多老師教學效果特別好，都因為他們會教孩子最好的記憶方法。如果你是老師，今天就想想吧！因為用這方法記的東西特別不會忘，好比華沙條約的簽約國，我從高中一直記到現在，半個多世紀了也沒忘。道理很簡單：沒意義的容易忘，有意義的不容易忘，有意義又有意思的東西更不會忘。

就算死背，你也可以用第一個字的聯想法。舉個例子，世界各國的首都，一百多個，太難背了！你可以只記相關的第一個字，譬如：丹麥的首都是哥本哈根，你不必記那麼多字，只記住「丹哥」就夠了。古巴的首都是哈瓦那，你只記住「古哈」就成了。黎巴嫩首都是貝魯特，你只記住「黎貝」就成。羅馬尼亞的首都是布加勒斯特，你只記住「羅布」就好。如果有很多國家的頭一個字是相似的，就用兩個字去記。你把它列成表，每天很快地念一遍，念熟了，以後看到丹麥，自然想起「丹哥」，「哥」是什麼？「哥」是「哥本哈根」。這比你去記整個國家和首都的名字，要容易得多。

大帥學英語只見狗頭

學英文也能用類似的中文發音。記得我小時候看民國初年軍閥的故事，說有位大帥要接待美國人，臨時惡補了幾句英語：「狗頭毛領」、「狗頭衣服領」、「狗頭擺」！大帥一邊學一邊罵：「奇怪了！為什麼洋人都要說狗頭呢？」

說實話我小時候學英文也一樣，有些字記不住，非用諧音法不可。「危險」（dangerous）我記不住。「單腳拉屎」就記住了！

「救護車」（ambulance）我也記不住。但是想想「俺不能死」就記住了！

「地主」（landlord）我也記不住。但是想想「懶得勞動」就記住了！

「大學」（university）我也記不住。但是想想「由你玩四年」就記住了！

「經濟」（economy）我更記不住。但是想想「依靠農民」就記住了！

「國語」（mandarin）我也不會。但是想想「滿大人」就想起來了！

不怕你笑話，我小時候念英文就是這麼念的。後來硬著頭皮到美國，不是在美國大學教書，還出版了不少英文版的教科書嗎？所以我要說：你可以用特別省事的方法記英文，最重要的是你要會用，而且記得把奇怪的發音改回正確的。「學無止境」也「學無死路」，只要你學好了、學到了，走哪條路都成！

現在大家應該知道，我以前應付考試，寫在書本邊緣的是什麼東西了！那常常只是簡單的提示，通過幾個字或者圖畫，讓我瞬間聯想到整段的東西。

寫日記太好了

當孩子大一點，為了加強記憶力，我建議他寫日記。或許你要說功課已經夠忙了，哪還有時間寫日記？

但我說的寫日記，不是長篇大論，而是寫重點。好比你在小記事本上或手機裡做的備忘。可能一天的事情，條列出來用不了幾十個字，既能留個紀錄、又能備忘，何樂不為呢？尤其重要的是可以借這個方法，加強你孩子的記憶力、聯想力和組織的能力。

用條列的方法記憶，有以下幾種好處：

一、沒幾個字，用不了多少時間。

二、他可以隨身帶個小本子，或用手機隨想隨記。當他把要做的事列出來，可以很容易地看到幾件事並排列在上面，決定哪樣先做、哪樣後做。既能安排輕重緩急的優先順序，又不容易遺忘。

三、當他記錄已經發生的事，譬如晚上上床前，他掏出小本子寫當天的日記：「早上先跟同學不高興，又被老師訓了，所幸中午就跟同學和好，還打算後天一起去看電影。」他寫的時候是不是得一路回憶？把白天的事情整個回想一遍？這是鍛鍊記憶的好方法。有時候幾天沒寫日記，想補上，他得一天一天、絞盡腦汁想。那更是一種鍛鍊！更重要的是當他寫日記，把發生的事和將要發生的事列在一起，可以幫助他整理思維、全面思考！有檢討的作用。

一思維清楚才能條理分明一

一天發生的事、一個禮拜發生的事，一下子就過去了，很快會從記憶中淡忘。當你寫下來，通過回憶、思想和寫的動作，這些事比較記得牢。

同樣的，孩子整天上網滑手機，見到一大堆東西，也多半隨看隨忘。你問他看到什麼？叫他說給你聽聽。他八成聳聳肩說：「不知道！沒看什麼？」這時候你也可以像要他寫日記一樣，叫他想！把看到的東西組織一下，把精彩的情節記下來。如果他看了電影，你還可以要他把故事講給你聽。

這樣做，使他不得不把散亂的東西整理歸納，把記憶模糊的東西想清楚，是訓練他去蕪存菁的好方法。而且你想想，如果他能把看過的東西，很有條理地說出來，是不是也能寫出來？不是有助於他口語表達和寫作的能力嗎？

當你常常要孩子這樣做，他上網、讀書的心態會不一樣，他會更有能力組織，同時把短期記憶變成長期記憶。也可以說長久訓練下來，他讀書的效率會更好。

我們的大腦好像一棵樹，從出生到三歲，那棵小樹會拚命長大，長到原先的三倍大。然後生長的速度就變慢了，但是大腦沒有閒著，它會為那棵樹做修剪，把不必要的樹枝剪掉。這個修剪的工作主要發生在十七歲之前，所以我們要教孩子好好把握時間，充分利用他們的腦力，剪出最好的樹形。我發現在學生時代愈是拚命用腦的人，他們成年之後的記憶力愈強，老年之後也愈不會退化，如果活到老、學到老，甚至連老年癡呆的比率都比較低。

我們知道自己活了多長，是因為我們記得經歷的歲月，記憶是生命的軌跡！訓練記憶就是充實人生！為了孩子的現在，也為了他們的未來，我建議大家鼓勵孩子多學、多記、多想、多組織。

死的知識 活的學問

我連續用三次的時間，談怎麼增強孩子的記憶力。雖然有很多學術理論和資料可以引用，但是我沒有用，只是把自己讀書的方法說出來，因為這最真實，也由我自己來證明，是有效的。

請不要笑我笨，有些很簡單就能記住的東西，我卻要繞個大圈子才能記得住。每個人不一樣，我因為了解自己的長處和短處，所以採用那樣的方法。事實也證明，別人早忘掉的東西，我卻可能記一輩子，而且到今天還在使用。同樣的道理，你也要教孩子使用對他最好的讀書方法。

讀書不在讀多少，在記得多少。不在記得多少，在領悟多少。也不在領悟多少，在使用多少。

愈是深刻領悟、活學活用的，愈不會遺忘！

第28堂

當孩子進入青春期

當他的良心不見了

我們的課程，經過嬰幼兒時期、學齡前時期，進入小學，現在到達一個很讓父母頭痛的階段了，也就是「青春期」。

如果倒退四十年，青春期大約是從初中開始，但是現在營養好、發育好，加上資訊發達，網上有不少催人早熟的東西。很多孩子才十歲，已經進入青春期。

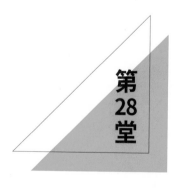

什麼是青春期？每個有這種孩子的父母大概都會說，就是孩子開始跟你頂嘴了。也有些孩子雖然不頂嘴，但是會對大人做出很怪的表情。我記憶中有一陣子我母親總罵我說：「你再瞪！你再瞪！我把你眼珠子挖出來。」相信我那時候就會對我媽瞪眼。但是我也想，我的青春期不明顯，一是因為我母親當時已經很老了，沒什麼精神管我，她根本不知道我搞什麼鬼。另外是因為從一開始，只要我態度有一點不好，她就很嚴厲地警告我，讓我知道自制，沒有失控。

有句俗話「慈母多逆兒」。我想這主要是講孩子的青春期。如果你不能早早覺察，告訴你孩子：「注意你的態度喲！你最近有點不一樣了。就算你大了，有自己的想法，也不能用這個態度表現！態度不好，你有理也是沒理！」那麼，當孩子叛逆的思想像潮水一樣湧來的時候，你就愈來愈難控制了。

青春期的特徵

我前面這一段話，其實已經形容了青春期的特徵。他們大了！他們有了自己的看法，而且那叛逆的衝動可能像潮水似的，很快地顯現出來。

他們大了！可不是嗎？十一、二歲的孩子，現在發育好，有的已經長得比媽媽高了，放到原始部落裡的社會，已經可以出去打獵、甚至打仗了。女孩子也幾乎已經可以生育，當媽媽了。他們當然大了！

大了！就該獨立，這是所有生物進化的道理。問題是你家孩子雖然不小了，但是他能獨立嗎？只怕連早上起床都還要你去三催四請，搞不好連打帶罵才起得來。起來之後又一副要死不活的樣子，垂著頭瞇著眼睛，坐在餐桌前發呆，他本來態度就不好，你說他兩句，他還有「起床氣」。搞不好，早餐也不吃，一摔門，走了！

問題也就在於他大了，很多方面獨立的條件都有了，卻不能獨立，他心裡有多矛盾哪！搞不好，他很想門一摔，真的離家出走，自己打天下去了，可是他們又知道辦不到，不敢走出去，這種矛盾就造成叛逆的表現。而且，這表現如果你不能早早覺察，設法約束他，他就愈來愈會頂撞你。

荷爾蒙在造反

我剛才說叛逆的表現會像潮水一樣湧來，也不是誇張，因為當孩子進入青春期，真正在他身體裡作祟的是荷爾蒙，那比什麼都強，你看看「發情期」的動物就知道了。平常很馴良的貓狗，到了發情期突然變了樣。他們可能一溜煙衝出門去，讓你找上一天一夜，急死了！

更嚴重的是牠們可能情緒不穩，莫名其妙地咬你一口。牠們還會像發情的鹿，冷不防狠狠頂你，再不然跟別的鹿對撞。

青春期的孩子不是一樣嗎？他們一溜煙跑了！他們跟你衝突，一副要咬你的樣子，他們還可能爭凶鬥狠，在外面惹事。

為了說得清楚一點，讓我把青春期孩子的特點，和應付他們的方法，一點一點列出來：

青春期的特質：
追求身體和思想上的獨立

我的一個美國女學生說得好，她說：「我現在覺得媽咪不再是媽咪，她只是個普通人。」以前父母說什麼，孩子不太會有意見，多半認為爸爸媽媽是對的。但是當你發現孩子不再這麼容易唬，他們開始有了自己的想法，就算嘴上不說，也露出不苟同的表情，就八成進入青春期了！

是啊！孩子大了，小學高年級，或者上初中了。他們電腦的功力，恐怕都在父母之上了。「憑什麼事事都聽你的。你本來就是普通人，你是人，我也是人，人人平等！」

有時候孩子不同意你，對你做出不屑的表情，足可以把你氣死。但是我建議你先別冒火，你可以用比較民主的方法，對孩子說：「你好像有你的想法。」（記住！你要注意講話技巧，不要硬著來，說：「怎麼樣？你好像不同意？」）你要尊重孩子，說：「那麼說出來聽聽，說不定你更有道理。」

這時候，他可能確實說出一番道理。對的，你叫好；不對的，你可以跟他討論。想獨立的孩子，最希望你把他當大人看，你可以藉機會知道他心裡怎麼想。這比他一百個不同意，卻不說，跟你暗著對抗好得多！

還有個可能，是你要他說，他卻不說。這八成因為他沒道理好講，知道講不過你。這時候你別諷刺他說：「你沒理說了對不對？」你反而可以緩和一下，說：「你想想吧！想好了再說給我聽！」

這樣做，表現了你對他的尊重，給了他發表自己看法的機會，場面多半不會太難看。尤其是當你發現孩子剛有叛逆的表情的時候，這樣對待他，親子溝通更會往理性上發展。

不講理就是不講理

儘管我說往理性上發展，但是父母也要有個心理準備，就是青春期的孩子可能不講理。為什麼不講理？我引用我兒子劉軒大學時候對我說的一段話，你就懂了！

劉軒說：「我高中為什麼叛逆？你說東我就要說西，你說黑，我就要說白。我知道都是你對，但就算我是錯的，也讓我錯幾次吧！」

青春期的孩子會存心跟父母唱反調，目的很簡單！表示他們有他們的看法。他們可能變得很客觀，胳臂朝外彎，居然不向著爸爸媽媽，反而為外人講話。意思是他們能夠獨立思考，不再是父母的「應聲蟲」。

同樣的原因，青春期的孩子比較會有反社會的行為，他們不一定對，卻為反對而反對，為顯示他們自己有不同想法而反對。碰上這樣的情況，你的應對方法就是「讓他說」。搞不好他發表完了，你聽完了，他就滿意了。

但是如果他說的實在不對，只要父母有理，還是得講清楚，因為年輕人衝動，事情常想得不周全。你點他一下，他或許就能想通。而且就算他要面子，不在你前面認錯，也會私下改變想法。我兒子在青春期，有一次跟我辯，一副他對的樣子，氣呼呼地回他房間了。過沒多久，我經過他房間，聽見他正跟同學講電話，談的正是我講的道理。

青春期的孩子要獨立思考，也要自己作主。他們常常跟父母衝突，就因為他們雖然能思考，卻不能作主，什麼事都得等父母決定。如果你為他做的決定，總是跟他想的不一樣，就容易產生衝突。

今天你作一回爸爸媽媽

這時候作父母的人不必硬來，而可以軟來。既然孩子要自己作主，他大了，有他的想法，就由他決定吧！

最好的方法是讓孩子「換位思考」。舉個例子，我兒子念高中的時候，有一天我聽他對媽媽說：「明天我們的音樂劇演出結束，大家要在曼哈頓狂歡慶祝，會晚一點回來。」

「晚一點是幾點？」我太太問兒子。

「天亮！」

「什麼？天亮？不准去！」我太太反對，兒子也立刻急了！說：「音樂劇都是我作的曲，我怎麼能不去？大家都會去！」

我太太更急了，說：「大家去死你也去死？」

這時候我過去，但是換了個方法。我說：「剛才好像聽說你們的音樂劇是你作的曲？哇！不簡單！不簡單！你是頭號功臣啊！大家慶祝，你當然不能缺席。」

我兒子一愣，大概心想：「今天爸爸怎麼吃錯藥了？」

不過，我接著說：「天亮回來，會不會太晚了？這樣吧！你客觀地想想，如果你是爸爸媽媽，我是你，說要搞到天亮才回家，你會不會同意？」

我又強調了一次：「你決定！但是你要客觀喲！如果你是我們，你會不會同意？客觀！

要客觀！」

我兒子想了想，支支吾吾地說：「大概不會同意。」

這時候我還裝不服氣：「你怎麼能不同意呢，是我作的曲，我一定得去啊！」接著我又強調了兩次：「你要客觀喲！客觀喲！」

我兒子又聳聳肩說：「因為爸爸媽媽不放心，曼哈頓晚上不安全。」

「這就是了！」於是我們折衷，他可以慶祝到晚一點，但是不能搞到那麼晚。

這就是「換位思考」，既然孩子有思想，很客觀，要作主，就讓他客觀地想想。

換位思考的學問很大，咱們下次繼續談。

第29堂

談換位思考的教育方法

換個位子，換個腦袋

今天繼續談怎麼讓青春期的孩子「換位思考」。

「換個位子，就換個腦袋」，這好像是當然的道理。舉個很常見的例子，班上有位特別愛搗蛋的學生，同學們偏偏選他作風紀股長，管班上的秩序。從那一天開始，那學生可能一百八十度改變，從前他帶頭搗蛋，現在他帶頭抓搗蛋的人。那是因為他本來就知道不能搗蛋，現在他換了位子，換了立場，必須客觀地執法，當然得朝對的方向去做。

換個位子也換個印象

當一個人換了位子，他也會想他在別人眼裡的形象改變了，別人會用不一樣的眼光看他。曾經有心理學家做實驗：

新學期開學之前，先去跟新老師說某學生不平凡、有特殊的潛能。然後又跟那個學生說新來的那位老師特別喜歡像他這樣的學生。

其實這個學生根本不怎麼樣，上個學期表現平平，但是很奇怪的，這個學期在這位老師的課堂上，他一開始就表現傑出。

我小學時候，班上有位同學就這樣，他突然跟學校要求轉到隔壁班，原因是隔壁班的導師是他的鄰居。也就妙了！他轉班之後，突飛猛進，從以前吊車尾一下子變成名列前茅。

從以上這幾個例子可以知道，換位思考不只是讓孩子從另一個角度去想，作父母師長的人也要換位，從另一個角度去看孩子。大人對孩子的輕視或者期許，影響有很大的差異。

所以當你像我上一次講的，讓孩子換位思考，想像如果他是父母，他會怎樣的時候，你的態度一定要誠懇、你也要真真正正地換位，扮演好孩子的角色，當你要孩子從你的角度客觀思考，你也要從孩子的角度客觀思考。

易子而教的換位思考

「換位思考」既然可以換老師，也可以換家長，你可以跟別的家長合作，易子而教！譬如安排一天，他家孩子到你家作客，你的孩子去他家。這樣做對大人跟孩子都有好處。因為那是別人的孩子，你比較客觀，不容易感情用事。當你跟別人孩子聊天的時候，還可以聽那家的孩子怎麼抱怨他的父母。說不定你一邊聽一邊暗自心驚：「天哪！天下烏鴉一般黑，這孩子沒說一句他爸爸媽媽的好話，他跟我孩子一樣沒良心！還有，他怨他父母的，不也是我的毛病嗎？」

單單你發現那孩子跟你孩子有一樣的問題，就會幫你解開一些心結。

當然也可能那孩子比你孩子強得多，這時候你可以問問他們家的親子關係、管教方法，自己做個檢討。最要緊的是，你千萬不能因為發現別人孩子的優點，就拿來責備你的孩子。你的孩子不如人，如果因為天資差得多，你沒得怨。如果天資差不多，你要好好檢討，自己和孩子有什麼地方需要改進。你還得聽聽別人孩子談你的孩子，青春期的孩子很多話不跟爸爸媽媽說，卻會跟他的同學講，你很可能因此挖出一些你應該知道卻不知道的事。

你還可以在事後跟另外那家的父母談談，聽聽他們對你孩子的看法。很可能你孩子在家裡無禮極了，到他家卻表現得中規中矩，被對方大大讚美。這對你是一種安慰，也是自我檢討的機會。

跟家長們保持聯繫

如果時間允許，你應該盡量參加家長會，去學校走走，同時跟其他學生的家長保持聯絡。因為你常去學校，老師對你的孩子會不一樣，你孩子也會比較謹慎。集思廣益！你還可以從其他家長那邊，得到很多有價值的資訊。更好的是：很多你孩子的事，可能你一無所知，別的家長卻知道，因為他們孩子會回家說。

青春期的特質：他們很注意自己，以及別人眼中的自己

什麼是青春期？是開始對異性有想法的時期！為了吸引對方的注意，當然會好好裝扮他自己。所以當你發現孩子常照鏡子、擠痘子，改換髮型，注意服裝，甚至會偷偷調整裙子的長短和領口釦子的時候，表示青春期到了。

多半剛進入青春期的孩子對異性非但不勇敢，而且有些怯懦。不是因為他們覺得異性可怕，而是因為他們不敢肯定自己夠不夠好看、可愛。因為怯懦，他們也可能會拉著同學一起行動。女生比男生早熟，所以小學高年級和初中容易看到一群女生對著男生起鬨。

他們不能肯定自己，也表現在他們對人生的態度，很多青少年會懷疑自己存在的價值。

所以這時期的孩子也對星座、血型、算命和宗教特別感興趣。道理很簡單！他們要離開父母獨立了，他們一方面在家時對爸爸媽媽表現得不耐煩，一方面對自己獨立的能力不肯定。他要從別人對他的肯定當中來肯定自己。正因此，他表現出青春期的第三個特質：

青春期的特質：朋友比家人還重要

「在家靠父母，出外靠朋友。」既然他想出去打天下，對自己的能力又沒把握，當然只好依賴朋友。「朋友多親近啊！他可能跟我一樣對他爸媽感到厭煩，他也跟我有類似的弱點！他才是我的知音！」

所以當你發現孩子總是跟同學膩在一塊兒，跟爸爸媽媽沒半句話講，卻跟同學有講不完的話，顯然他是進入青春期了。這時候，你就算對他朋友不滿意，也要避免露骨地批評。因為你的孩子會非常護著他的朋友，那不只是朋友，而且是同黨、是同志啊！是啊，他們志同道合，年齡相近，毛病相似，煩惱也差不多，加上在一起行動有安全感、能壯膽。所以這個時期的孩子，男孩子比較容易成群結黨，甚至搞幫派。女生也會搞小圈圈、甚至網路社群。

這是父母必須預防的，從你孩子將進入青春期，就要有心理準備，開始注意他跟同學的互動。他放學是不是還像以前一樣準時回家？中間有沒有去別的地方？你一方面要認知孩子有社交的權利，一方面不能不注意他交往的人。他手上不能沒錢，也不能有太多錢，他口袋裡還剩多少，你應該心裡總有個數。

如果你的孩子是女生，她們也會結黨，只是性質跟男孩不太一樣。她會找幾個特別談得來的女生，成為密不可分的「閨蜜」。她們也會集體行動，譬如一起追明星、追流行、議論老師和同學。她們同樣會覺得手帕交比媽媽可愛，你最好少批評她的密友。

少批評孩子的身材

如我在前面說的，青春期的孩子要用別人對他的肯定來肯定自己。這時候父母對女兒的身材要特別注意，因為青春期的女孩非常敏感。她們嫌胖的時候，可能偷偷買減肥藥、不吃飯，又在餓得受不了的時候，不顧三七二十一地猛吃，壓力大時也禁不住地吃。所以有些青春期的女孩會一下瘦一下胖。凡此，你可以偷偷觀察，私下了解她吃了什麼減肥藥，會不會傷身？並且在食物上幫她控制、在營養上幫她調配均衡。但你最好別明說，因為青春期的孩子對自己的外貌特別敏感，也特別容易受傷，絕不能傷到孩子的自尊心。新聞上報導過，加拿大有位父親只是批評女兒一句太胖了，女兒居然從此不吃，得了嚴重的厭食症，最後送了命。最近大陸也有個學生因為老師處罰他，把他剃了光頭，沒過多久，他竟然跳樓自殺了。

嚴重的青少年憂鬱問題

女孩還有個常見的問題，是她們會組成小圈圈，把那些不喜歡的同學排斥在外。她們不喜歡的原因有千百種，對方的長相、聲音，甚至走路的樣子，都可能被她們挑剔。嚴重的是，有些女孩因為被同學排斥，承擔極大的痛苦，甚至產生輕生的念頭，所以無論父母師長都要注意孩子們社交的情況。

青春期孩子輕生的想法是很嚴重，卻又很普遍的。舉個例子，單單二〇一七年的香港，平均每九天就有一個學生自殺，而且年齡層比以前向下延伸，已經有十歲的孩子尋短。因為有自殺傾向的孩子很少向父母說出他們憂鬱的心情，許多自殺又跟功課的壓力、父母老師的管教和交友有關，這是大家不能不正視的問題。我在《劉墉談處世的四十堂課》裡用了很大的篇幅談憂鬱症，大家或許可以找來參考。

第30堂

談青春期孩子的愛人與自愛

我愛故我在

上一次我說孩子到了青春期，父母要留心他們在外面的行為，是不是還準時回家、中間會不會去了什麼地方、有沒有交不恰當的朋友。說實話，這是挺難的，尤其對那些工作的父母，不容易抽時間了解孩子出校門之後去了哪些地方，更難的是，你要很小心，可以私下觀察孩子的行蹤，卻不能讓孩子知道你在這麼做。因為這會犯忌，犯了青春期孩子的忌。

對的，你可能犯了忌，舉個例子：

哪天你到孩子學校附近辦事，正巧碰上你孩子放學，有說有笑地跟同學走在路上。當他看到你，會怎麼表現？如果退回小學二年級，他一定興奮地衝過來抱著你，高興極了，對不對？但如果他是初中二年級，還會這樣嗎？他可能勉強跟你打個招呼：「媽！妳怎麼在這兒？」然後跟同學介紹一下：「這是我媽！」他如果能這樣，已經不錯了！很多青春期的孩子，跟父母在學校旁邊不期而遇，心裡是不痛快的。他可能想：「你為什麼在這兒？你是偷偷調查我的行蹤嗎？」這時候如果你說：「我正好要回家了，一起走吧！」他原本要直接回家，反而可能對你說：「我還要跟同學去買個東西。」他為什麼這樣？因為他大了，尤其在同學面前，要表現他不再是媽寶、能自己作主了。所以你要他一起回去，他反而找個藉口不回去。

再舉個例子，如果你孩子小學二年級，放學的時候突然下大雨，你特別為他送傘去，他站在學校走廊上遠遠看見你，他會怎麼表現？他是不是興奮極了，又叫又跳地說：「你真好！」說不定你把傘交給他，他不打，還非要跟你打一把傘，偎著你、摟著你，一起回家。但是到了初中二年級，你再給他送傘去，他還那麼熱情嗎？尤其是當他跟很多同學在一起的時候，遠遠看見你，冒著大雨走過來的影子，他的心情是很複雜的，雖然他心底感激，卻可能露出厭惡的表情，喊：「你何必嘛！你何必跑來嘛！我不怕下雨，自己會想辦法！」

你孩子為什麼這麼沒良心？不是他真沒良心，是因為你讓他在同學面前丟了臉。

青春期孩子這種對父母關心，反而不屑的表現，就算不在同學面前，在家裡也可能。基本原因是他認為他長大了，你無微不至的照顧讓他莫名其妙地不舒服。

既然你神，你就自己去神吧！

碰上這種情況怎麼辦？如果他真長大了，不用你瞎操心，你正好可以藉這個機會，讓他獨立。

我有位美國朋友，女兒上高中，有校車接送，但是很早到。她心疼女兒，為了讓女兒多睡一會兒，就每天開車送孩子上學。女兒正值青春期，起不來，還有起床氣，常在車上怨媽媽開得太慢，反正找麻煩就是了。

有一天，這媽媽火了，罵她女兒：「妳嫌我慢，好啊！明天開始我不送了，妳自己等校車！」她女兒也強，說：「好啊！我自己坐校車，趕不上校車，我走路！」

第二天女兒居然沒等媽媽叫，自己早早就起了，站到路邊去等車。從那天開始，那媽媽真不送了，女兒也真長大了。有一天下大雪，沒趕上校車，媽媽說：「我送吧！」女兒這下可不一樣了，非但不作怪，還一路感謝媽媽。

為什麼孩子有這樣的改變？因為媽媽做對了：孩子要獨立，也確實能夠自己趕校車，就讓他獨立。這樣才合乎身心發展的方向，使孩子向成熟邁進一步。而且，孩子不要，你硬給，「剃頭挑子一頭熱」，孩子非但不感激，還認為是當然的。有一天，你不給他了，他才感覺失落。那個「失落」使他珍重「得到」，也使他學會感恩！

青春期的特質：孩子開始要付出愛

我在前面說過，幼兒時期的孩子非常自我，因為他們要吃要喝要長大，必須不斷地獲取，來壯大自己。

現在，到了青春期，他們已經長大了，個頭說不定都超過父母了。他們肌肉強壯了、性徵發育了，雖然還吃爸媽、住爸媽，跟爸媽伸手要錢，但是他們也開始要對外付出愛了。

我常形容每個人都有個袋子，裡面裝滿愛，小時候父母不斷往小孩的袋子裡塞愛，愈塞愈多，塞滿了，如果繼續塞，那袋子會撐破。這時候，孩子也得從袋子裡往外拿，對別人付出愛。孩子怎麼付出？首先他交朋友，對好朋友、好哥兒們付出愛。他答應父母一百次，可以一次也不兌現，對他哥兒們承諾的卻是「一諾千金」，有義氣極了！

他們開始找異性朋友，朝思暮想著「那個他」，再不然他們迷明星偶像，卯足了勁去捧場，除了獻花，還會送禮物、送錢。

這些都是付出愛的表現，當他們愛的袋子太滿，必須拿出一些才舒服。問題是，付出愛就只有這些追星追異性的途徑嗎？

付出愛的方式太多了！你也可以鼓勵他去當義工，照顧貧病可憐的人啊！社會上有太多公益團體需要人，他可以去幫忙義賣、在公益演講的會場負責接待、到育幼院照顧孩子。許多義工非但能讓你孩子付出愛心，還能讓他們學到知識、學到關懷，進一步，學到感恩。

付出愛的同時也有收穫

對的，他們付出的同時也會獲得，獲得成就感也學到感恩。因為在照顧那些弱勢族群的時候，他們發現原來這世界上有那麼多可憐人，對比之下，他會更珍視自己的幸福，感謝父母的付出和自己擁有的一切。

我的兒子剛進大學的時候，去臺灣專門照顧腦麻痺的「德蘭啟智中心」，住在那邊，帶著孩子做遊戲、幫孩子復健，為孩子做飯，為育幼院募款，甚至每天把行動不便的孩子抱下樓再抱上樓。有一天他感觸地對我說：「沒想到一個十幾歲腦性麻痺的孩子，抱起來，輕得像是五、六歲的寶寶。」一個暑假下來，他成熟了好多！九一一恐怖攻擊之後，他主動跑去做義工，調查受災戶，發放慰問金。

我女兒也在中學時代，就去老人中心幫忙，後來還跟著我到貴州山裡為孩子演奏，到北京同仁醫院陪瞎眼的孩子治療。

希望孩子懂得感恩，就要給他們付出愛的機會。這不但使得他們關懷他人、關懷鄉里、關懷世界，而且更能肯定自己存在的價值。

我愛故我在

我在臺北的青少年諮商中心，接待過各式各樣的孩子，我發現那些家裡情況不好，每天放學還得照顧弟弟妹妹，或者去醫院照顧爺爺奶奶，為家裡看店，照顧生意，過得很辛苦的孩子，他們雖然會怨自己家庭環境不好，過得太苦，卻不會懷疑他們存在的價值。為什麼？因為他們每天都在發揮他們的價值！反而是生在富裕家庭，被照顧得無微不至的孩子，常常會問我：「我來到這個世界幹什麼？」他們覺得自己沒有價值，因為他們過得太好了。富有家庭的孩子，不念書不工作，家裡的錢也夠他一輩子花了。所以他們會想：「何必念書？何必奮鬥？」甚至問：「何必活著？」

人是愛的動物，在我們課程一開始，就說過沒有被疼愛、沒有被撫摸的嬰兒，發展容易遲緩。現在進入十幾歲的青春期，我要說：那些擁有很多物質卻不付出愛的孩子，很難真正地快樂。

更可怕的是很多孩子非但不對外人付出，甚至對自己都不付出。他們口口聲聲說他們大了，要自己作主，卻連天冷該多穿件衣服，運動之後得把濕衣服換下來避免著涼都不會。他們可能對外人有禮貌，回家卻拉個臭臉。他們「把著門檻狠」，會幫助外人，卻不知道幫助自己的家人。

如果你發現這個現象，要想想，你的孩子不幫父母，是不是你造成的？因為你讓他覺得你不需要？是不是因為從小到大，他眼睛裡的你是超人，卻沒想到你也有需要他的一天。舉個例子：

會不會家裡有重活，孩子在旁邊，你卻不讓他動手，還是自己拚老命幹？我曾經在《超越自己》裡寫過，有一天我上高中的兒子看見奶奶坐車回來，出去接，居然站在車子旁邊，眼巴巴看著奶奶顫顫悠悠地滑下車，卻不知道伸手扶一把。不是他不愛奶奶，是因為在他眼裡，奶奶還是每天早上幫他提著大書包，送他上學的超級奶奶。

所以，家裡有你做不動的活，只要孩子有能力，就叫他幫忙！千萬別讓他袖手旁觀。家也是他的，將來他可能繼承，今天當然應該付出！愛是行動，既然他愛你，就要有行動！空口說白話，掛在嘴上的愛，不是真愛。

美國著名的心理學家弗羅姆（Erich Fromm）說得好，愛別人之前，先要愛自己，因為自己也是人。一個不懂得保護自己、愛自己的人，很難真正去愛別人。所以要教導孩子：

在你對別人付出愛、在你談戀愛之前，先要愛護你自己、愛自己的父母親人、愛自己的家！

第31堂

別把自己氣得腦中風

責備孩子的技巧

最近看新聞，有個媽媽嫌她小學三年級的女兒功課做得太慢，一著急，居然氣得腦梗塞。

我跟朋友談起這件事，朋友一笑說：「我女兒做功課也很慢，但是我很少生氣。」

我問他為什麼。

朋友說：「因為我也很慢！那個氣得腦梗塞的媽媽八成動作快，不是她女兒慢，是她性子急！這種人管孩子，很麻煩！」

你是狼爸虎媽媽？

今天就跟大家談談怎麼管孩子。

每個孩子都會犯錯，每家爹娘也當然會罵孩子，問題是，有些父母一天到晚吼叫，搞不好還動手打，有些人家卻能一片祥和。一定是因為前者的孩子太頑劣，後者特別好嗎？當然不是！是因為大人的個性不同！看事情的觀點不一樣！同樣的情況，這家可能覺得天都塌下來了，那家卻若無其事。

所以管教孩子第一要注意的不是你孩子犯了什麼錯，而是你自己當時的狀況。今天你孩子犯錯，別急著發作，先想想你當時的情緒如何。因為同一件事，在你不一樣情緒的時候，感覺可能大不同。舉個例子，你剛跟另一半吵完架、正累得腰痠背痛、或者剛看到你的股票跌停板，跟你今天剛升官、股票漲停板比起來，同樣是孩子進門說他考了三十分，你的反應會一樣嗎？

「不遷怒」是非常重要的修養，孩子固然可以惹你生氣，但是你犯不著把跟他無關的火氣，發在他的頭上。

所以在你教訓孩子之前應該先想想自己。

有個讓你冷靜的好方法，是去照照鏡子。看看鏡子裡出現的是慈父慈母，還是狼爸虎媽？

帶著惡魔的臉去責備孩子是不對的！因為你是愛他的媽媽或爸爸，不是惡魔！

你不是孩子的敵人

第二點，你要看看孩子的情況如何？他是犯了錯卻不自知，還是已經深深自責？

這時候你需要再一次提醒自己，你不是孩子的敵人。他犯了錯而不自知，你要告訴他、警告他。他已經自責得很厲害，你就不需要打落水狗了！狗已經落水，就算你要罵要打，也得先把他救起來啊！如果他犯了大錯，你反而應該冷靜下來安撫他，尋求解決之道啊！

那是你的孩子，就算他犯了天大的錯，他還是你的孩子。就算天下人都不疼愛他，你也要疼愛他。我不是要你是非不分，孩子錯還是錯，你不能「護犢子」說他對，但是不能忘記他是你的骨肉。如果他已經很自責，你再沒頭沒腦地大罵，只會對他造成更大的傷害。如果他正在青春期，搞不好非但不會口頭上認錯，還可能昧著良心頂撞你。

罵孩子要挑地方

第三點，責備孩子要看場合。

當著外人，別罵孩子，尤其不能罵已經大了的孩子，因為孩子也要面子，你當著人罵，既傷了孩子也傷了你。就算你必須當場機會教育，也得把孩子拉到一邊，壓低聲量說他。這是很好的身教，教你孩子在外人面前控制情緒。

就算在家裡，你也不適合在忙亂的時候罵孩子。舉個例子，你正在廚房炒菜，一身油煙、滿臉汗水，這時候你舉著鍋鏟罵孩子，有面子嗎？看在你孩子的眼裡，感覺好嗎？說實話，如果孩子正在青春期，只怕他還會對你露出厭惡的表情。

吃飯的時候也最好別罵孩子，因為全家聚在一起，你罵他，別人也不好受。尤其有老人家在的時候，你不高興也要忍著，免得老人家護著孫子講兩句，也捲入戰火。就算只有你跟孩子，吃飯的時候也盡量別罵孩子，免得影響食欲。就算你孩子打了敗仗，想反敗為勝，也得吃飽了再出發啊！

還有個狀況，是你坐在沙發上，把孩子叫過來罵，你坐著、孩子站著，你抬頭看你孩子。天花板上一盞燈，從孩子頭頂照下來，大大一個黑影，好像半截寶塔壓下來。你還沒開口，氣勢上已經吃虧了！

訓話是嚴肅的事，不是可有可無，更不能給孩子「今天老子逮到你，順便罵幾句」的感覺。當你先表現出嚴肅的樣子，讓孩子覺得「不尋常」，就已經有了震懾的效果。所以你可以把孩子叫到眼前，說你有話要對他說。就算他挨罵，應該站著聽訓，也別讓他半截寶塔似地緊緊站在你身前，給你泰山壓頂的感覺。

為了慎重其事，你還可以先跟孩子約好，譬如說：「晚上九點，爸爸要到你房間跟你談談。」

保證孩子立刻會緊張，急著問你有什麼事，這時候你別說，忍著，說：「等下你就知道了！」這下孩子就更緊張了，早早就忐忑不安地在房裡等待。到時候就算他開著門，你也要在門上敲兩下再進去。然後拿把椅子坐下來，或者叫他把椅子讓給你坐，站著聽你說話。

親子之間的心裡話

同樣的事情，你跟孩子面對面談、隔著桌角側身談，跟兩個人並排坐著談，感覺是不一樣的！

面對面有對立感，最嚴肅也比較容易衝突。

並排坐，因為你們的臉朝著同一個方向，可以避開彼此的眼神，感覺比較柔和。媽媽跟女兒談，用這種方法最好，媽媽甚至可以鑽到女兒被窩裡，摸著女兒的手跟女兒輕聲談，譬如說：「妳最近有什麼心事啊？告訴媽媽……，天大的事媽媽幫妳解決。」很多媽媽跟我說，她們用這一招，小魔鬼就不張牙舞爪了。

父親跟孩子談，除非孩子小，鑽到被窩裡有點怪怪的。最好的方法是帶著孩子出去散步，父子邊走邊談。很多孩子面對面不願意講或不敢承認的，都會在這種氛圍中放鬆心防，說出來。

否定之前先肯定

第四點，就算訓話也要注意說話技巧。

你孩子犯的錯愈嚴重，你愈要「狠話柔說」，把音量放下來。不是小聲說，而是沉聲說。沉聲常比咆哮更有效，因為沉聲表示你在自制，用理性的態度說話。它既能幫助你控制情緒，也比較不會引起孩子的反感。

尤其是你說話的開頭，要特別注意，最好用慢慢導入的方式。舉個例子，你要問孩子考試成績如何，如果劈頭就問：「你今天考幾分哪？」叛逆的孩子可能馬上就產生反感，搞不好回你一句：「你會不會問點別的？」結果大戰立刻爆發！

相對的，你如果換個說法：「今天很辛苦吧？別太累了！」可能孩子主動就說「考砸了！」既然他已經承認「考砸了」，表示知道錯了，你也就不必疾言厲色去罵了，甚至還能安慰幾句、鼓勵一番。當孩子事先認為會被痛罵，到時候你居然安慰他，他會偷偷感激，你教訓他的效果也會好得多。

無論多差勁的孩子都有自尊心，罵孩子絕不能傷到自尊。你可以糾正他、不能否定他。你可以說他不努力，但不能罵他一無是處。更不要彰顯自己、貶抑孩子，怨你為什麼生出這麼差勁的孩子。因為每個人都有優缺點，再壞的孩子都找得出他們可愛的地方。所以你在罵孩子之前，甚至可以先提提他過去的好表現。更重要的是，他是他，不是別人，最好不要拿他跟別人比！尤其青春期的孩子，他們自尊心特強、也特別脆弱，他們的脆弱還常常用忤逆的方式呈現，當你傷了他的自尊心，讓他在家抬不起頭，他們可能到外面找方法抬頭，碰上壞朋友就容易走入歧途。

你可以比！但是先要孩子跟他自己比。他只要比以前進步，就算還是不如人，你也要肯定。即使他跟自己比都一次不如一次，你也不能完全否定，因為「沒有不能學習的，只有不會學習的」。你愛你的孩子，最好像衛星導航一樣，駕駛人沒聽話，開錯了，導航立刻換個路線繼續導航，引導駕駛人回到正確的道路。只要在地球上就不會迷路，只要孩子的身心健康，耐住性子，總能找到適合他的方向。

罵他不是恨他，是愛他

最後，讓我說兩個笑話：

我的兒子，小學二年級就到美國了，但是中文說得很好，居然還拿了《我是演說家》的季冠軍。有人問他怎麼把中文說得這麼好？劉軒說，因為以前我每次訓他訓到最後，都會講：「OK！老爸說完了，現在輪到你了！」然後由他答辯。他得想盡辦法為自己辯解，最好還能說贏我，所以從小不但會說，還會辯論，把中文練得挺溜。

第二個故事：有一天我跟個白人媽媽出去，媽媽開車，我坐旁邊，三個孩子坐在後面，吵得要命！那媽媽突然大喊一聲：「閉嘴！」

三個孩子馬上閉嘴，但是接著一起說：「媽媽愛你！」

那媽媽一笑，對我解釋說，每次他叫孩子閉嘴，又怕孩子認為媽媽總是這樣罵，所以喊「閉嘴」後，一定加一句「媽媽愛你！」現在不用媽媽說，孩子自己就講了：「媽媽愛你！」

我說這兩個故事，是要講：就算你罵孩子，也要記住人人平等，他有發言權，如果大人罵錯了，他有理可以說出來。當他知道你會給他答辯的時間，就比較不會半路插話、強辯。

父母怎麼罵孩子、多麼愛罵孩子，都要記得：

那是你的孩子，你罵他，不是討厭他、恨他，是因為愛他！

第32堂

談青春期孩子的睡眠

你的孩子睡夠了嗎？

今天要跟大家談談青春期孩子的睡眠。

談到這個，大概很多父母都會抱怨，他們的孩子「晚上不睡、早上不起」。

可不是嗎？真怪了！以前孩子小的時候，常常父母還沒起，小鬼已經抱著他的枕頭敲爸媽的房門，爬上床搗蛋了。但是曾幾何時，小鬼晚上愈睡愈晚，早上非叫不起床。再大一點就更麻煩了，那些青春期的孩子，晚上好像有用不完的精力，大人常常以為孩子早睡了，半夜經過他們的房間，才發現裡面還亮著燈，搞不好還聽見啪啪啪啪電玩的聲音。相對的，因為前一夜太晚睡，第二天早上就起不來，有些家庭天天早上像打仗似的。那個大孩子一副睡眠不足、要死不活的樣子，總算出門了，但是到了晚上，好戲重演，他又拖著不睡了。

孩子晚上不睡早上不起有心理的原因和生理的原因。

一這一天實在不可愛一

心理上，他們早上起不來，常常是因為不願意面對那一天。才睜眼就想到要考英文、要發數學、要默寫國文、要面對可怕的某些老師，沒一樣是輕鬆的，想到就煩，實在不想上學，所以有些孩子會裝病。至於晚上不睡，是因為那天過得還可以，就算沒考好，事情也過了。而且白天的時間是被安排的，晚上的時間才屬於自己。「韶華不為少年留」，青春時光要把握！於是東摸摸、西摸摸，加上網上一堆有意思的東西，所以一拖再拖，可能拖到一、兩點，甚至更晚。

不是做不完，是不想做

對於孩子這種晚不睡，很多父母會想，是因為學校功課太多。問孩子怎麼不早睡，得到的答案也常常是功課沒做完。問題是真沒做完嗎？

我曾經請許多父母注意，孩子如果有四樣功課，會不會他晚餐之後七點多開始做，第一樣耗了兩小時，到了九點多，第二樣用了一個半小時，到了十一點，第三樣用了半小時，第四樣只用了二十分鐘。如果把那四樣功課拿來比較，真是一樣比一樣省力嗎？如果差不太多，為什麼前面兩樣要用掉那麼多時間？會不會因為他不專心，表面看是在做功課讀書，其實想東想西、摸東摸西，大部分時間是浪費掉的。至於最後兩樣，因為實在太晚了，他知道沒法拖延了。所以拚命趕，兩三下就弄完了。

這有什麼稀奇？大人在辦公室不也差不多嗎？平常都工作到下午六點下班，如果今天早上宣佈提早一小時下班，多半的人也把工作完成了。正因此，已經有些國家準備推行一周上四天班。

白馬王子與黑馬公主

孩子拖，一個是因為他有他的心靈世界，他要想想白馬王子或黑馬公主，他也要放鬆心情，白天已經緊張死了，總要有點自己的時間吧！

這時候你得想想，為什麼他要坐在書桌前，好像專心準備功課的樣子，實際上心猿意馬？

那很可能因為你啊！多少父母是看不得孩子一刻不用功的！才吃完飯已經催著孩子去做功課，附帶罵幾句：「早點做功課，免得又拖到三更半夜，晚上不睡、早上起不來！」結果孩子想看看電視，沒能看！想跑跑跳跳，沒辦到！硬是坐回書桌前，裝成用功的樣子。

把時間交給孩子

如果你發現孩子確實如此，最好的方法是由孩子自己安排時間，他要看電視，看哪！看你看到什麼時候，會自己站起身，回你房間做功課。他如果在電視上耗掉不少時間，等下做功課就可能很趕，搞不好，做不完。做不完是他的事，他自己要面對，經歷幾次，受了教訓，自己多半會改正。

讓孩子自己安排時間是非常重要的，他必須知道「優先順序」，哪樣應該先做，哪樣可以後做。他要知道取捨，功課實在太多，就不得不犧牲玩耍和娛樂的時間，而且把時間分配好。四樣功課在時間有限的情況下，每樣都拿八十分，比一樣拿一百分，其他拿五十分合理。我在美國發現有很多上了重點大學的學生，進去不能適應，不得不退學，轉到社區學院，或者找心理醫生治療的孩子，都因為從小到大在父母的控管下生活。問題是，未來是他們要面對的，這世界上每個人的時間一樣多，能成功的都因為懂得優先順序、善於利用時間。

知道了這一點，早早把時間交到孩子手上吧！剛開始的時候確實可能失控，逼得你非「喊他」、「催他」不可，但是長痛不如短痛，你不能不慢慢放手啊！

他要晝伏夜出

青春期的孩子晚睡，也有生理的原因。

到了青春期，讓我們有睡意的「褪黑激素」（melatonin）分泌的時間會往後延，加上光線比較亮，電腦和電視的光線接近日光的色溫，進一步延遲了褪黑激素的分泌，造成睡意來得晚。問題是現在的學生卻得早早到校，造成很多孩子睡眠不足。正因此，已經有人主張到校的時間不要太早，免得孩子們睡眠不足。

青春期孩子睡眠不足的影響是很大的，據研究他們非但不能少睡，而且最好睡到九小時。就算實在辦不到，也起碼得睡足八小時。

因為大腦裡的「海馬迴」能夠重新整理白天學到的東西，把短期記憶變成長期記憶，儲存到大腦皮層。許多白天的壓力，也要靠睡眠紓解。當孩子睡覺的時候，如果你看到他雖然閉著眼，眼皮底下的眼珠卻在轉，那是很重要的「快速動眼期」（REM），他們可能正在作夢，並且在夢中整理白天收到的資訊。

睡不足損失太大

睡眠也是身體大量分泌激素的時候，尤其重要的是生長激素，如果你希望孩子長得好、長得高，必須使他們有足夠的睡眠。現在醫學已經證實，睡眠不好的人容易注意力不集中，造成危險，情緒也會比較不穩定，記憶力更會變差。

青春期的創造力

還有一點，「動眼期」也是發揮創意的時候。當大腦把繁雜的資訊整理歸納之後，會留出空間，那空間正是可以讓創意馳騁的。要知道，你孩子死背硬記，或許能臨時抱佛腳、應付近期的考試，卻可能對創意沒有幫助。好像一瓶裝滿的水，你放進顏料，顏料就沉下去，你搖也沒用，因為水裝得太滿，不會震盪，只有留出空間的瓶子，才能夠在搖動之後讓顏料快速溶解。

死記硬背或許能讓你的孩子考上不錯的學校，但是面對這個瞬息萬變的世界，真正在未來能成大功的人，都是有創意的。或許你要說，孩子才上高中，考學校重要，談什麼創意？那我要說，你錯了！你去看看無論比爾蓋茲、賈伯斯、巴菲特、畢卡索、莫札特和許許多多文學藝術家，是不是在青少年時期，就已經有了很好的創意？青春期也是浪漫期的開始，他們有了最強的體能和記憶力，加上初生之犢不畏虎，敢於發揮想像和創意。你不會對一個運動員說等你考上大學、進入社會再去比賽，你又怎能對青春期的孩子說：「有創意，不急，等以後再說？」所以你總要給孩子留一點空間，讓他的創意開始萌發，好在未來茁壯。

孩子的時間孩子作主

最後，讓我再說個我們家的故事吧：

我兒子小時候，每天吃完晚飯，都會黏在電視前面，必須等他奶奶去警告他：「別看啦！你爸爸要來啦！快去做功課啦！」他才會起身。所幸他後來每天去曼哈頓上高中，回來很晚，奶奶年歲大了，不太管他了，我也在地球兩邊跑，常常不在家，由他自己管自己。

我的女兒小時候，看到她喜歡的節目，也會盯著電視不動，但沒有人管她，每次我經過她身邊，就算知道她要大考了，也只會笑笑地說一句：「看電視娃娃！」她如果回答：「今天節目真好看！」我就加一句：「太好了！看電視娃娃！」

當她回房間做功課，我經過，又會說一句：「做功課娃娃！」

無論看電視、做功課、打電話、上網、聽音樂、練琴，我都不表示意見，只說：「打電話娃娃」、「上網娃娃」、「聽音樂娃娃」、「練琴娃娃」。因為那是她的世界、她的時間，她自己知道、她自己作主。我這麼說，聽來沒什麼意思，其實是讓她自己想。

孩子不能「踢一步、走一步」，我們沒有辦法跟小孩一輩子，大家試著早點放手吧！給孩子多些空間，也給自己多些自由。

第33堂

談家庭教育

如果家裡失火了

我太太很少批評我的岳父母，但是有一件事，她常講。說來有點好笑，她怨的居然是上廁所的事。她說她家四姐妹，加上我岳母一共五個女生，只有我岳父一個男生。可是小時候我岳母總叮囑四個女兒上完廁所，一定要把馬桶坐墊掀起來，好方便我岳父上小號。我太太怨的是我岳母為什麼不去說我岳父，教他每次上小號，要把坐墊掀起來，尿完尿，再把座墊放下去。

我有位鄰居也曾經當著一堆朋友的面怨她丈夫。說她丈夫長期不在家，有一次丈夫回來了，當天半夜小女兒上廁所，突然哇地一聲大哭了起來。因為爸爸尿完尿沒把座墊放下來，小丫頭習慣了家裡沒男人的日子，加上睡得糊里糊塗，又沒開燈，一屁股就坐進馬桶裡面。

從人尿尿到狗拉屎

這是非常小的事，但也實在是大事，因為反映了國民的素質，顯示了男生對女生的尊重。不！應該說是對每個人的尊重。包括男人對男人的尊重。有一年我去韓國，一位學者來旅館看我，中間去了趟廁所。他走了之後我發現他尿尿沒有掀座墊，尿液都滴在上面。心想，他不是著名的學者嗎？為什麼會這麼不尊重人？是因為韓國女人都太讓著男人造成的嗎？

教養最重要的顯現，就是對別人的尊重，有沒有處處為別人考慮。譬如你遛狗，狗拉了屎，如果你不立刻清理，很可能讓別人踩到，最起碼會污染環境。又譬如你開門進出，要注意後面有沒有緊緊跟著的人，必須為對方拉著門，免得你一鬆手，門彈回去，打到別人。甚至當你回頭看見別人正拖著行李或推著娃娃車的時候，要為對方想，他不方便開門，於是為對方拉著門，等他通過。

舉手之勞何樂不為

為自己方便，也為別人方便，甚至考慮別人的心情與狀況更是非常重要的教養。在電梯裡也一樣，常看見電梯擠滿了人，卻各自排開其他人，伸長了手，去按自己要去的樓層，雖然可能因為不想麻煩別人。但是如果站在樓層按鈕旁邊的人能夠主動問大家要去哪一層，然後幫忙按，不是好得多嗎？

在公共場所打翻東西也一樣，既然是你打翻的，除非那裡有清潔人員馬上過來處理，為了避免別人滑倒，或者踩到，你應該立刻設法清除。我四十年前在紐約的中央車站見過一幕，至今難忘，是個中年女士手上拿的咖啡，不小心打翻在大廳中央，只見她立刻把杯子放在地上，又把自己的外套放在旁邊，然後匆匆跑走，我當時心一驚，不知道她發生了什麼事。接著看到她抱著一疊衛生紙跑回來，趴在地上清理。

這也讓我想到一位朋友說，你想知道一個地區居民的水準，非常簡單！只要看看他們處理垃圾的方式就知道了。除了垃圾分類，如果他們把書報雜誌都小心地一堆堆捆好，把尖銳的東西都包好，甚至在上面標明，以免割傷人，表示他們會為別人著想，不是把自己不要的東西，扔出門就算了。

怨鄰人的時候先想想自己

為鄰居著想，包括你發出的聲響，當孩子晚上把音樂開太大聲，就算家裡人不在乎，也要告訴孩子：「晚了！別吵到別人。」

住在大樓公寓的人更要注意，別在地板上造成太大的聲響，吵到樓下的鄰居。譬如小孩玩球，如果球太重，最好盡量少拍，免得砰砰砰，驚擾到別人。

還有一點，恐怕是很多大人都不一定注意的，就是拖拉椅子。除非你先為椅腳加了軟墊，最好別用「拖」的，因為拖椅子發出的震動音響，你自己不一定覺得，卻會對樓下鄰居造成干擾。我常聽人抱怨樓上人家拖椅子太響。問題是，當他這樣怨的時候，自己又如何？

我前面說過，如果你孩子用餐之後，會默默地把椅子放回原位，會給人很好的感覺。那麼，就從家裡做起，大家用餐之前慢慢把椅子拿出來，用餐之後再把椅子安安靜靜地放回原位吧！

臥室像戰場

談到家庭教養，當然包括孩子自己的臥室。我曾經要求兒子每天把他房間弄得整整齊齊，後來發現似乎不容易，對青春期的男生尤其不容易。他早上起來就往外衝，能不遲到已經不錯了，晚上回家急著吃飯，又東丟一樣、西扔一件，接著關上房門，好像「鎖國」，隨時走進他房間，都像剛打過仗似的。但那是他的房間，關起門來，不影響到別人。所以我後來妥協了，那是他的「自治區」，只要他覺得好，就成。

不可造成動線上的阻礙

但是孩子離開自己的房間就必須為別人考慮。舉個例子，在家人的動線上，也就是走來走去會經過的地方，他絕對不能造成阻礙；放學回家，書包不能隨便扔；有繩子帶子的東西不能散在地上，免得絆倒人。書也不能扔在地上，尤其是雜誌，絕對不能放在地上，因為雜誌用的紙張常常不但薄，而且非常光滑，踩上去，會溜開，這樣造成的滑倒跟浴室的滑倒類似，速度快、傷害大！

鞋子的擺放也能反映教養。有些家庭，人不多，卻在門口堆滿鞋子，大人小孩回家都把鞋子一脫，甚至一踢就不管了。這樣很容易絆倒，出門找鞋子也比較麻煩。應該規定每個人脫下鞋子都擺整齊，有些日本家庭甚至會規定，每雙鞋都要鞋頭朝外，也可以說，脫下鞋的人，得回頭彎下身，把鞋子轉個方向。或者脫鞋的時候，就改為臉朝外。

平和的情緒 儒雅的動作

控制動作的輕重也是教養，因為那能反映情緒。舉個例子，你今天跟家人不高興，是不是動作會比較重？就算你不是存心，也會下意識地用動作發洩你的情緒。如果你們家平常洗碗炒菜、開門關門、放東西，都給人「摔鍋子砸碗」的感覺，一定要改進。因為今天在你家，大家都習慣了，改天你孩子到另一個環境，別人動作都很輕，而你的孩子動作很重，就會讓人側目了。

尊重每個人的隱私

從孩子很小的時候，你就應該尊重他的隱私，雖然小孩子無所謂隱私，也不懂尊重隱私的事，但是如果你每次進入孩子房間之前，都能先敲敲門，或者問一聲：「你在忙什麼啊？」、「媽媽爸爸可以進去嗎？」孩子自然會受到影響，養成好習慣。尤其是孩子進入青春期之後，當他關著房門，你更該先敲門，等他回應了再進去。因為孩子有他的私密世界，你不能任意侵犯，如果經常不說一聲就推門進去，可能對孩子造成心理傷害。我曾經在書裡寫過，當我兒子進入青春期，因為他奶奶常常冷不防地推門進去，我特別為他裝了門閂。

當孩子電腦螢幕開著，如果你想看，也最好先問一聲：「你在看什麼啊？爸爸媽媽能不能看哪？」這也是禮貌，雖然你有資格檢查未成年子女的東西，也得表現基本的禮貌，因為這種禮貌會潛移默化影響你的孩子，未來在社會上懂得尊重別人的隱私。

我聽說有個留學生，優秀極了，找工作的時候，老闆已經決定用他，突然來個電話，老闆在接電話的的時候，那年輕人好奇地盯著老闆桌上的電腦螢幕看。就這麼一個小動作，他沒被錄取。或許你不認為這有什麼關係，但是會介意的地方就是會介意，尊重他人隱私絕對是一種教養，這種教養應該從小就開始培育。

所以即使你在滑手機，也不能讓小孩任意探頭過去看，孩子必須先徵得你同意。你想想，當朋友發現你的孩子即使好奇，也先問：「媽媽妳在看什麼？我能不能看？」他們會不會想，你的家教真好？

如果你家失火了

前面講不要亂放書包、丟雜誌、小心在動線上不要造成阻礙，都是為了安全。最後有一項更重要的安全措施，是你要做「安全演習」。

舉我自己的例子，我女兒小時候，她住在二樓，我會把她帶到陽臺，指著下面說：「那邊只有小灌木，沒有粗大的枝子，草地又軟，當屋裡危險，妳不能走樓梯逃生的時候，可以從這裡往下跳。」

雖然每家的房子不一樣，但是平常都得想想：假使家裡失火，怎麼辦？消防器材在哪裡？有沒有過期？一時不能控制火勢，要怎麼報警？怎麼逃跑？電梯離失火點有多遠，能不能乘電梯？

你平時就要教家人養成手機不離身的習慣，最起碼睡覺的時候手機一定要在伸手可及的地方。事實證明，過去許多在地震、火災中倖存的人，都因為懂得用隨身的手機報案、求救和照明。

如果你住大樓公寓，要常常檢查安全梯和安全門，平常必須是關上的，失火的時候濃煙才不會竄進安全梯，使逃進安全梯的人，跑不了幾步就被嗆暈。

有些新建築會用很厚的金屬門，隔間都很實在，外牆也沒有易燃的材料，發生火警時與其被濃煙嗆死，可能還不如留在自家屋內。你家適不適合這樣做，也是你平時就要評估的。

災後重聚的地方

尤其重要的是你們一家人必須約定，如果發生火警，逃出去的人要到哪裡與家人聚集？

以免造成逃出的人以為還有家人陷身火窟，衝回火場，反而傷亡的悲劇。聚集點最少要選兩個，譬如第一優先是你家對面隔街的某地方，但是如果到時候過不去，或被消防車佔據了，則選另一個位置。

我自己十三歲時家裡失火，燒成一片廢墟，所以曾經在作品裡再三提出防火的方法，你或許可以找來參考。最起碼讓我在這兒建議你，今天就跟家人約定失火時聚集的地點。而且，你隔一陣就可以演習一次，問你孩子、你父母、你另一半，如果失火了，你們在第一時間怎麼辦？連出入公共場所、住旅館，都應該認清安全門的位置。

同樣的道理，平時家裡就應該把重要的電話列成表，除了貼在一個固定的位置，而且另外做幾份放在不同的地方，讓家裡每個人都知道，免得突然發生狀況，手忙腳亂找不到聯絡人。如果孩子大了，而且你信得過他，甚至應該把家裡最重要東西的擺放位置告訴他，以備不時之需。

家庭教養是為自己著想，也為別人著想。是進一步規劃，也退一步著想，晴天的時候準備雨傘，有的時候想沒有的時候。

家是一個共榮圈，當你把孩子當作大人，交代他各種事情，設想出狀況的時候，他該怎麼應對，不但能讓孩子警惕，而且會讓他覺得自己長大了，對家裡的許多事責無旁貸，不再是個處處依賴的孩子。

不信，你今天就可以做個演習、做個交代，對孩子說家裡發生意外的時候，他要記得怎麼做，你的孩子是不是立刻會變得比較有責任感。

是執法還是出氣？

談體罰（1）

第34堂

今天要談一個非常嚴肅的話題，也就是「體罰」。

體罰是打孩子，它不只嚴肅，而且充滿矛盾。

「打在兒身，痛在娘心。」哪個正常的父母會愛打孩子呢？打自己生的、打自己從小摟著抱著帶大的寶寶，哪個爸爸媽媽能不心疼？問題是，為什麼俗話又說「不打不成器」、「棒下出孝子」？

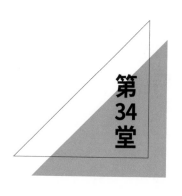

打是不是真那麼管用？為什麼非打不可？這是我們先要思考的。

飛魚拔罐真管用

二〇一六年，外號叫「飛魚」的美國泳將菲爾普斯（Michael Phelps），拿到破紀錄的第二十三面奧運金牌。當他到達終點，上半身露出水面，攝影機做大特寫的時候，大家除了佩服他、注意他特別長的手臂，還注意到一件事，就是飛魚身上好多紫色的圓圈。後來才知道那些是菲爾普斯「拔罐」的痕跡，據說就這麼一下子，美國針灸拔罐的醫生多了好多白人顧客。

過去像菲爾普斯這樣拔罐的痕跡，不知讓多少在美國的華人家長遭到誤解。為什麼？因為美國嚴禁體罰，好多華人孩子被老師發現拔罐和刮痧，青一塊、紫一塊的印子，立刻報警說家長虐待小孩，事情鬧大了！

媽媽打人，孩子報警

我有個朋友女兒上小學，老師特別告訴每個孩子，家裡人絕對不能打他，如果有，馬上報警。非但叮囑孩子，還給了電話號碼，叫小孩記下來。有一天，這朋友的太太跟女兒不高興，拿起掛衣服的鐵絲架子，說要處罰女兒。那才小學五年級的女孩居然一翻白眼，說：「妳如果打我，我就報警。」

媽媽原本只是作勢，這下子更火了，真給女兒一下子，抽在屁股上。小丫頭立刻哭著去打電話，沒幾分鐘兩個員警就到了，把母女二人分在不同房間問話，把我朋友的太太和她女兒都嚇到了！

所幸這是第一次打孩子，事情不嚴重，沒有把孩子帶走保護。我後來問那媽媽後不後悔。你猜她怎麼答？她居然說不後悔，打得成功極了！因為她以前沒打過孩子，以後再也不會打孩子，孩子變得乖多了。我說：「因為打那一下夠疼的，打怕了？」那媽媽又一笑說：「因為我們兩個人都被員警的大陣仗嚇到了，這一嚇，真管用！對我和孩子都等於打了一下，所以後來我一冒火，立刻想到那天員警進門的畫面，跟著就把火氣控制下來了。」

乍聽，這好像是個笑話，但是裡面有值得深思的地方。員警為什麼那麼快，好像抓強盜似地趕到？

因為怕孩子受到重傷害，很多孩子都因為大人情緒失控，被體罰受重傷，甚至死亡。所以今天談體罰，先要想，你是在怎樣的情緒下體罰孩子？你是沒頭沒腦，不知輕重地狠狠打孩子洩你的心頭之氣，還是理性地處罰？

是執法還是出氣

舉個例子，我最近看了兩部電影，一個是蔣雯麗導演的《我們天上見》，一個是韓國片《我的野蠻女友》，前面那部片子裡的老爺爺，當孫女犯錯的時候，會叫孫女去拿戒尺，而且用雙手呈給爺爺，準備挨打。後一部電影裡，男主角的媽媽沒有戒尺，是手邊有什麼，就用什麼打，她正在吸塵，看到兒子回來，就用吸塵器的長柄打，她手上正擀麵，就揮起擀麵杖追打。

各位想想，同樣是打孩子，這兩個有什麼不同？

不同的地方大了！前面老爺爺拿的是「家法」，因為孫女違背家法，所以挨打。老爺爺是在理性的情況下「執法」。

至於後者，就情緒化了，不問工具、不知輕重，搞不好還不管身體的什麼地方，抓住就狠狠地打。那不像是執法，倒像是「出氣」。

挨揍也要心裡服氣

進一步想，前面那孫女把戒尺拿給爺爺的時候，小丫頭很清楚為什麼要挨打，說不定連打幾下都心裡有數了。後面那個大男孩，雖然也知道為什麼媽媽冒火，但是他不會知道挨幾下揍，因為他不知道媽媽那天的情緒如何。心情好，打輕一點、意思意思；心情差，狠狠打，連掃帚都能打斷。

現在請問你，如果體罰可以被允許，應該允許前面的爺爺，還是後面的媽媽？如果員警要衝來救小孩，他們是怕前面那樣的爺爺執法過當？還是怕後面那媽媽的一時失控？

知道了這一點，如同我前面幾次講過的，罵孩子之前先控制自己的情緒，當你要打孩子之前也要問問自己，當時的精神狀態如何。

請不要覺得我危言聳聽，要知道多少更年期的媽媽碰上青春期的女兒，多少在辦公室受氣的爸爸碰上跟自己對著幹的兒子，他們的體罰與其說是懲罰，不如說是拿懲罰孩子來發洩自己的情緒。

「懲罰」是事先約法三章，有規矩可循的處罰。如果你事先已經跟孩子說明白，不准這樣那樣，孩子也同意，到時候孩子還違反約定，你處罰，甚至體罰，是有因有果，處於「法」；執法的人有限度，孩子也比較會服氣。（新加坡的鞭刑就屬於這一類。）

「出氣」就不同了！那真得看你當時的情緒，如果你心情不好，下手不知輕重，非但你出氣之後可能悔恨，你孩子也容易心裡不平。

爸爸媽媽都是大炸彈

我們常說「嚴父慈母」，爸爸多半比較嚴厲，媽媽多半比較慈祥。但是據我在學生之間做民調，孩子往往更怕媽媽。為什麼？因為爸爸的脾氣比較摸得透，媽媽的摸不透。舉個我自己的例子，有一天我跟兒子接受訪問，主持人要劉軒形容一下當他犯錯的時候，爸爸媽媽的反應會怎樣。

劉軒沒有直著回答，他聳聳肩說：「我爸和我媽都是大炸彈。」

訪問結束，我偷偷問兒子：「老爸這個炸彈比較可怕，還是老媽那個？」劉軒想都沒想就說：「當然是老媽！」我問為什麼？劉軒說：「老爸的炸彈引線很短，老媽的引線很長。老媽的引線是慢慢燃燒，她一點一點累積怨氣，可能哪一天才為一點小事，就爆了。至於老爸的炸彈，引線只一點點，有時候惹老爸不高興，說錯一句話，都可以在心裡算著：一！二！三！爆！就爆了！」

我在前面舉了這麼多例子，是要說同樣的處罰，爸爸跟媽媽可能不一樣。爸爸跟孩子的關係比較像朋友，是互相的、是信用的，對就是對、錯就是錯，成績不好就要冒火，說好的沒兌現就要問罪，那是執法，常失之於死板。

媽媽不一樣，因為孩子是從她肚子生出來，起初她可能捨不得罵、捨不得打，孩子上學之後跟人比，又會恨鐵不成鋼。加上媽媽常有個潛在的心理，就是孩子由她管，她得對丈夫交代，造成媽媽莫名地焦慮，如果累積在心裡，比較容易情緒化。

男女雙打先要默契

既然爸爸跟媽媽的情緒不一定同步，就應該利用這一點彼此約束。也可以說一個扮黑臉、一個扮白臉。當其中一位反應過當、處分過重的時候，另一位應該出來緩解，避免失控。

只是這緩解大有學問，如果常常都是同一個人打罵，另一個人出來緩頰，孩子會有恃無恐，甚至利用大人間的矛盾，在當中鑽漏洞。

還有個狀況，是當一個人處罰孩子的時候，如果另一人硬是插手進來，很可能非但不能讓前者息怒，還勾起更大的火氣，搞不好把責任推給另一半，造成更大的衝突。

除非因為孩子犯了嚴重的錯誤，父母二人如果一起處罰孩子，完全不留餘地，不能轉圜，也不妥當。《孫子兵法》說「圍師必闕」，意思是把敵人圍起來，但是留個缺口，讓敵人從那裡逃，免得做困獸之鬥。同樣道理，爸爸媽媽處罰孩子，就算同一口徑，也應該給孩子留些餘地、留點希望，不能讓孩子無路可退。就算重重地打罵了，也應該接著把火氣放下來，跟孩子冷靜地談下一步路該怎麼走、錯要怎麼改。

處罰不是因為絕望，而是因為期許！處罰的下一步，是讓孩子汲取教訓、改過向善、重新來過。

第35堂

談體罰(2)

體罰是條不歸路

今天繼續深一步地談體罰的問題。

為了要寫這篇講稿，我不久前在「微博」、「微信」和「頭條」上做了個民調，問大家小時候有沒有被體罰過，自己有沒有體罰過孩子。短短兩天，上來近四千人回答，令人驚訝的是，絕大多數的人曾經被體罰，也體罰過孩子。

中國不是禁止體罰嗎？為什麼這些民眾還一面倒地贊成體罰？他們表示不體罰是理想，

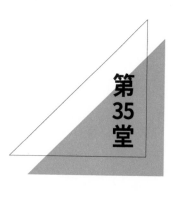

體罰是現實。法雖然這麼立，很多年輕人在沒生孩子的時候也說絕不體罰孩子，但是真有了孩子，實在忍不住，管不了，還是「下了手」。

其實美國人也有類似的情況，雖然法律規定不能體罰小孩，大家還相互告誡，許多父母在忍無可忍的情況下，還是會動手。

難道華人孩子比較不乖？

但是我相信，中國大陸爸媽體罰孩子的比例應該比美國多，據我所知臺灣以前有些家長還會送教鞭給老師，對老師說：「我孩子不乖，老師可以打他。」

這時候我們就有可以深思的了：是不是因為不體罰，美國孩子跟華人孩子比起來就頑劣得多，功課差得多，長大之後的成就也遠不及華人孩子？華人孩子從小被揍到大，是不是比美國孩子強得多？

如果他們差不多，是因為華人孩子比較頑皮，非揍不可嗎？只怕中華文化下成長的孩子還比美國孩子順從得多，如果真這樣，為什麼要打孩子？

集體抽鞭子管用嗎？

先讓我舉兩個發生在我身上的例子。

不知道是不是受早期日據時代的影響，早年臺灣的老師很愛打學生。我上小學被打過手心很多次，差幾分打幾板。進入初中更慘了，是集體挨揍，月考成績不如別班，導師就把全班叫到走廊上用藤條打屁股。學生們排成一長列，大家急著把眼鏡套、童軍帽往褲子裡塞，只聽走廊上啪啪啪啪啪啪的抽打的聲音，在大樓之間迴盪。一個個挨了「抽」的學生，抱著屁股、喊著痛，跳著回教室。

問題是，管用嗎？疼是真疼，老師用藤條狠狠地抽，抽得藤條都開花了，後來不得不先用繩子把藤條纏緊。這麼打當然疼！而且留下一條條青紫色的印子，一個禮拜都消不掉。可是看看那些齜牙咧嘴挨完打的學生，一個個一邊喊疼，一邊笑。

當挨打成了集體的儀式，每個人都挨揍，那挨打就不稀奇，甚至有點「壯烈」的感覺了。尤其對青春期的孩子，一個個好像在慷慨就義。

因為恐懼反而失常

另一個例子，是我初中的地理老師，他叫大家在地圖上找他喊出的地名，並且拿著藤條在學生間走來走去，隨時問：「找到了嗎？在哪裡，指給我看！」學生稍稍慢一點，就一鞭子打在手上。有時候打在手指關節上，除了疼得要命，而且立刻紅腫。
問題是地圖上密密麻麻的地名，字又多又小，他愈這樣，學生在恐懼之下反而找不到了。
請問，他這種體罰管用嗎？能不引起學生反感嗎？
從上面這幾個例子，可以知道不論老師或家長，如果把體罰變成常態，照三餐打，孩子就皮了。如果動不動就揍，沒頭沒腦地打，反而讓孩子活在恐慌當中，不但表現可能更差，而且因為處罰得沒道理，會記恨。

打給鄰居看

更值得深思的是，為什麼有些學校特別愛體罰？也有些地區特別愛打孩子？
是不是因為體罰會感染，東家打孩子引起西家也打？是啊！當你家孩子跟隔壁大毛出去闖了禍，大毛回家挨揍了，啪啪的抽打聲音和孩子討饒的哭喊隔牆傳來，你家孩子犯了一樣的錯，你會不會也把他揍一頓。說句玩笑話，你會不會覺得非揍不可，否則對大毛和大毛的父母難以交代？

集體焦慮的體罰

體罰常常受到集體焦慮的影響。當每個孩子的家長都因為成績差一點而體罰孩子，當大家把成績看得像天一樣大，把不及格的每一分都換算成「打幾下」時，家長間傳來傳去，自然產生「集體焦慮」。事情明明沒那麼嚴重，受集體焦慮影響的父母卻會莫名其妙地緊張。

所以我再三強調，你要罵孩子、打孩子之前，先想想自己到底在焦慮什麼？孩子有必要挨打嗎？只因為別人打了他的孩子，你就要打你的孩子嗎？就算他們犯了同樣的錯，你憑什麼要跟別人學管教的方法？你家是你家，你的孩子是你的孩子，你有你引導孩子的方法啊！

今天無論「應試教育」、「打罵教育」、成績掛帥，包括非要孩子贏在起跑點，小寶寶才三四歲，父母已經操心他不愛念書了，這些奇怪的現象都來自集體焦慮。好比你看見一群人全往同一個方向跑，就算你根本不知道為什麼跑、跑向哪裡，也非跑不可了。

三天不打，上房揭瓦

所以如果說大家聽了我這番分析，就不再打孩子，是不太可能的！而且當你總用體罰來管教孩子，突然不再體罰也會有很大的問題。很可能不打不行，到最後你還是非打不可。

唯一的辦法是作父母和師長的人，要先有個認識，知道孩子不是不打不爭氣，更不是

「三天不打，上房揭瓦」。太多不體罰的管教方式，證明愛的教育也能成功。我們的孩子不比別的國家差，當然可以不體罰。

體罰是條不歸路

每個人在作父母之前，就應該告訴自己：「我絕不體罰」，而且要堅持到底。因為體罰是一條不歸路，也是發怒到極限的時候，表現出來的手段。現在先想想孩子小時候，他犯了錯，你起初是不是比較小聲跟他說，因為孩子不聽，你火氣上來了，漸漸愈來愈大聲，孩子習慣了你的吼叫，你大聲有一天也不管用了，終於過去給一巴掌。等到一巴掌都不管用了，你拿起了掃把。這就是不歸路，當你一步步走上去，有一天用了體罰，從此可能別的方法都不管用，你非繼續體罰不可。

問題是，你為什麼不從一開始就跟孩子小聲講理？你愛他、你在教育他、你在講道理給他聽，他是你的心肝寶貝，你當然可以小小聲地說。說一遍不聽，再說一遍，警告他再不聽話，就要去牆角坐小板凳了喲！面壁不夠、罰跪也可以，這些都是體罰，也是讓孩子冷靜與反省，犯得著下重手打嗎？而且當你過去從來沒罰他跪過，今天罰跪，孩子已經覺得是天大的懲罰了，效果不比抽幾巴掌差。

當你能控制自己的情緒，用好好說理的教育方法，有一天事情嚴重，你稍稍把音量放大，孩子就知道你發火了。從輕聲說，到沉聲說，到稍稍大聲說，到大聲說，到高聲訓斥，這當中有很多空間。你犯得著在孩子才兩、三歲的時候，就一巴掌過去，從此非打不可嗎？

所以我說，從有孩子的第一天，甚至還沒孩子，你就得教育自己、叮嚀自己！

不歸路怎麼回頭

如果你已經開始打孩子了，孩子被打皮了，可能非打不管用。只要你有耐心，願意改變態度，這條「不歸路」還是可以回頭的：你可以對孩子說，你大了，我不打你了，然後用其他方法取代。譬如不准看電視、少給零用錢，不准吃零食、幫忙做家事，「禁足」或「面壁」。你也可以諄諄教誨，一而再、再而三地叮嚀、鼓勵，想辦法讓他聽得懂、做得到。

別認為這樣不管用，要知道挨打是很快過去的，你打了他，你的火氣消了，他也認為事情過了。體罰雖然速戰速決，卻不見得管用。反而是延伸式的處罰，譬如假日不准出門，幾天不許看電視、要幫忙做家事，那時間效果能拖得很長。媽媽「千叮萬囑」的效果更是驚人，我總是聽孩子們說：「挨打多簡單！媽媽不斷叮囑，最可怕！」

當「武場」變成「文場」

更要緊的是，當你把「武場」改成「文場」，一定要告訴孩子，因為他大了，要顧全面子了，可以說理了，爸爸媽媽尊重他，所以不打了，改為講道理。

孩子會「因為被尊重，而學會自重」。

當你跟孩子約法三章，親子之間建立互信的時候，你也必須照約定嚴格執法，不能立法嚴、執法寬，讓孩子總想討價還價。最怕你「沒原則」，孩子一拗，你就妥協了。還有個狀況，是你在處罰之後，又心疼，回頭向孩子討好。這不但有損你的尊嚴，而且會造成孩子的不安。因為炸彈隨時會爆炸，又隨時會熄滅，他摸不清你的情緒。

但是當你一時失察，處罰錯了的時候，還是得很正式地向孩子道歉，對不起！爸爸媽媽錯怪了你！你的道歉，更能感動孩子，有時候父母道歉的畫面，會留在孩子心中一輩子。

最後讓我再說個故事：

我有個朋友小時候非常頑皮，總被他爸爸痛打。有一天他蹺課，去租書店租了一大套漫畫書，回家躲在房間看。突然門開了，他爸爸臉色鐵青地走了進來，把他手上的書搶過去。他坐在椅子上，不敢動，聽到背後父親翻書的聲音，心想接著就會重重一巴掌打下來，而且租來的書都會被撕爛。但是那天他父親沒打也沒撕書，只歎了口氣說：「你大了！自己知道什麼是錯。我不打你了！快點把書還回去！」那該挨打卻沒挨打的畫面，他一輩子沒忘。從那天開始，他爸爸再也沒打過他，他也再沒逃過學，後來考上醫學院，現在是紐約著名的醫生。

第36堂

談孩子的課外活動

你家有個斜槓少年嗎？

孩子的課外活動，大概有兩種，一種是孩子小時候，你為他安排的，像是彈琴、畫畫、作文的課。另一種是孩子大了，在學校參加的社團，或者因為他感興趣，自己到外面學的。後者更是孩子自己的選擇，更稱得上是課外活動，也因為他喜歡，學習的效果往往比正課好。

賈伯斯成功的第一步

不知道你有沒有看過蘋果電腦創辦人史蒂夫．賈伯斯二〇〇五年在史丹佛大學畢業典禮的演說，他說他上了一個學費很貴的大學，一學期之後覺得念大學對他沒什麼價值，於是決定休學。那陣子他既沒了學籍又沒錢，常常靠撿一個能換五分錢的可口可樂空瓶子，來張羅三餐。他也搬出了自己的學生宿舍，每天晚上都睡在同學寢室的地上。但是他去旁聽了一門英文書法課，也就是把英文字寫得很漂亮、很有變化的課。

賈伯斯在演講裡說，沒想到他學到的那點東西，後來能用在設計的第一台麥金塔電腦，使他的產品擁有比別人更美的字體，甚至後來被其他品牌抄襲，一直影響到今天。也可以說他作為一個旁聽生，旁聽一門似乎不正式也不重要的英文書法課，幫助他走向了成功之路。

《螢窗小語》差點夭折

再舉個我自己的例子，我可以說如果高中時沒有參加課外社團活動，就沒有今天的我。

高二那年我參加了校刊社，為了編校刊，常常請公假，也可以說溜課，蹲在活版印刷廠校對，有時候學校訓導主任說哪篇文章有問題，不准刊登，我就蹲在印刷機旁邊趕一篇東西補上去。進大學之後，我又參加「寫作協會」，編文學刊物，常常往平版印刷廠跑。所以當我的處女作《螢窗小語》寫成，沒人願意出版的時候，我找到高中編校刊時認識的印刷廠，自己出錢印，自己發行。後來我寫繪畫理論的書，成本太高，沒人出版，我又找大學編刊物認識的印刷廠自己印刷、自己發行。

我說了這麼多經歷，是要證明社團活動對我人生有多大的影響，如果當年沒人願意出版《螢窗小語》，我就放棄了，就不會一本接一本地寫下來。也不可能因為《螢窗小語》暢銷，改善了生活、還清了房屋貸款，到海外留學。搞不好我根本不會成為所謂的知名作家。

講實話，我當年為了編校刊，不知道溜了多少課，我的成績也受到很大的影響，年年差一點留級。但是如果你問我值不值得？我的答案是值得，因為在課堂上學到的東西，大家差不多，反而是課外涉獵的，我會，別人不一定會。所以後來讓我嶄露頭角的，都是我在課外學到的東西。

哈佛看上劉軒哪一點

我的兒子劉軒也一樣，他上紐約的史岱文森高中，那是「特殊高中」，考進去的都是頂尖的學生，正因此他們有很多課開高階班。也就是同一門課，除了一般高中程度的，還有大學程度的，他那時候問我和我太太選哪個好。我們的答覆是有意思的課外活動很多，就上簡單一點的，省下時間去參加社團，享受多采多姿的高中生活。

於是他去參加歌劇社，作曲伴奏，又跑去電影社，還拍了個反毒的影片，參加紐約市的比賽，得了獎。他進哈佛大學之後回來跟我說，有一天跟學校入學部的人聊天，發覺他這個在高中成績並不頂尖的學生，能被哈佛錄取，很可能就因為他搞歌劇、拍電影，因為哈佛看得出來，哪些是逼出來的成績、哪些是父母的安排，哪些完全是自己的興趣、自己努力的成果。

不務正業的成績

我的女兒也一樣，她在高中編校刊、到大學編報紙，還因為參加電影社團，暑假跑去北京的電影公司實習，大學畢業就進了北京的電影公司，還做過成龍電影的監製，再受聘為美國華納公司派在中國大陸的投資部經理，連她研究所畢業之後，現在從事的工作都跟電影有關。無論我自己、我兒子和女兒，後來從事的工作都跟學校主修的課程沒什麼關係，不是可以證明課外可能比課內更重要嗎？

社會大學更難混

課外比課內重要，到今天這個時代尤其如此。

古人常說：「家有萬貫，不如一技在身。」到了今天還這樣嗎？你進一個好大學，確實可以證明你很棒，畢業之後也容易更上層樓。但是畢業多年之後還這樣嗎？一個名校和普通大學畢業的，多年之後一起去應徵工作，老闆是看你的畢業證書？還是看你上一個工作，或上幾個工作的表現？如果你是普通大學畢業，但是在上一個公司已經做到很不錯的職位，有傑出的業績表現，另一個競爭者擁有名校畢業證書，卻沒什麼工作表現，老闆會選誰？只怕沒大學畢業卻有實際成績的，能勝過名校的畢業生。

為什麼？因為社會也是大學，甚至可以說是更難混的研究所。在學校裡你的成績好，可能是被學校逼的；在社會上你的表現傑出，才是你自己努力的成果。

課外活動重要，是同樣的道理。參加課外社團、在校外自學，都不是被家長和老師逼的，而是孩子自己的選擇，他感興趣，才會在繁重的課業之外，再去搞課外活動。他因為課外活動影響了校內的功課，也可能因為他對課外的東西更感興趣。

課業當然很重要

沒錯！你孩子搞課外活動，很可能誤了他學校的功課，「君子務本」，既然他是在校的學生，你就得讓他以課業為重。我高中時代，因為搞課外活動，學業成績爛透了，但是到聯考之前，我還是得「回頭收拾舊山河」，把誤掉的功課補上，拚命拚聯考。當你的孩子在課外用掉太多時間，除非他已經顯示在那方面非常不平凡的能力，你必須提醒他，在人生的旅途中，他可能還是得先拿到那張入場的門票，「如果連場子都進不了，雖然在場外也能一步步讓人注意，有一天被請進場，但是可能辛苦得多。」

如果你是比爾蓋茲的老爸

如果你孩子醉心課外的東西，像是運動、音樂、電腦，終日好像不務正業地跑跑跳跳、敲敲打打、計算組裝，搞得昏天黑地。你先別急，要想想今天多少了不得的人物，是不是都沒進大學，或者半途輟學？換作你是比爾蓋茲、賈伯斯或臉書創辦人祖克柏的老爸老媽，你會讓兒子半路休學嗎？如果你生了個運動或藝術天才的孩子，他說他高中不上，要去比賽、去搞演出，你會答應嗎？如果你堅持要他把大學念完再去發揮，會不會錯過了先機？

時代不一樣了！整個世界都不斷在改變，十年前金飯碗的工作，十年後可能被人工智慧取代。大學裡學到的最新的東西，出校門沒幾年，可能已經落伍。

斜槓青年的時代

今天的學習也不一樣了，教授在臺上講的，很可能學生在臺下滑手機，已經發現了新東西。許多過去不容易得到的資訊，現在一上網就拿到，許多以前非找專業人士不能做的工作，你照網上的指導，一步一步也能完成，甚至做得更好，所以學校和專家的界線愈來愈不明顯。以前是「克紹箕裘」，做畚箕的爸爸教孩子做畚箕，做毛皮衣服的老子教孩子做毛皮衣服。今天你在工廠操作機器裁切衣服，明天可能一樣用鍵盤，卻是操作機器切割鋼板。也可以說人們不斷地跨界、跳槽、換跑道，社會上出現愈來愈多的「斜槓青年」。他們從這一行跨界到另一行：原先在電子工廠任高級主管的，一下子去搞果園，用他現代的方法種植、品改、行銷。名校畢業的高材生，可以把從小跟奶奶學的手藝發揚光大，做成全國連鎖，搞得有聲有色。

你細細看那許多跨界有成的人，他們的靈感是從哪裡來的？都從課內、教室、實驗室得來的？抑或有許多是來自街頭巷尾、自家廚房、甚至咖啡店，一群人打屁扯淡產生的火花？

說了這麼多，希望你了解，你孩子面對的未來世界不一樣了，他人生的規劃應該不一樣了，他事業的起步可能不一樣了，除了學校的課業，你也要鼓勵孩子參加課外活動，因為他未來的成功，很可能從現在的課外活動開始。

第37堂

孩子有資格談戀愛嗎？

談青春期孩子的早戀

前兩年我跟太太上黃山，有一位年輕的女導遊，一路跟我們聊天，其中讓我印象很深的是，她說她就住在山下，其實媽媽家距離不遠，但是她都不敢回去，因為一進家門，媽媽就要不斷念：「有對象了嗎？什麼時候嫁？」起先還會說些條件，現在條件都不重要了，只要「是人不是鬼，生有兩條腿」的男生就成了。說完，她咯咯咯地笑了起來，繼續抱怨：「我念高中的時候，我媽把我看得像賊似的，一天到晚警告我不能交男朋友，可是才上大學又好像怕我嫁不出去，一天到晚叮嚀我快找對象，這不是很矛盾嗎？」

═ 矛盾無比的父母 ═

今天就要跟大家談談這矛盾的「早戀」。我相信那位女導遊說的，在華人社會非常普遍。提到「早戀」，好多父母都要聞之色變，好像孩子只要沾上早戀，就一輩子都完了。為什麼？因為成績會一落千丈，考不上好學校，麻煩可大了。所以一個個家長，大概還包括學校老師，都會對學生千叮萬囑，學測之前千萬別談戀愛。

問題是，只要早戀，功課就會一落千丈嗎？為什麼我在美國，總看見男生在鄰居家門口站崗，然後跟鄰居的女兒一起出去。有時候還由孩子的父母開車，帶著兩個人進進出出。我兒子高中的時候，也帶女生來過家裡，晚上九點，門鈴響，原來是女生的爸爸來接女兒回家。到了情人節，更有意思！在禮品店看到好多父母帶著孩子，給孩子的男朋友或女朋友買情人節禮物。天哪！有些才是小學生耶！

對異性的免疫力

有一天我談到這個怪現象，女兒正好在家，笑說這有什麼稀奇？很多美國爸媽故意讓男孩女孩從很早就交往，因為這樣才會習慣跟異性相處。我女兒還說：「奇怪了！父母為什麼怕孩子中學時代交男女朋友呢？孩子在身邊，爸爸媽媽正好藉機會輔導啊！」又說她有些同學高中不交男朋友，好像很乖，但是才進大學就失控了。

我兒子小時候，鄰居太太也曾經跟我太太說，不必阻止劉軒交女朋友，早點交！紅的黃的白的黑的，都認識認識，免得到大了，該結婚的時候，碰上一個就認定那一個，對異性毫無免疫力。

所以坦白說，我對兒子比較開明。主要的原因是他的學校在曼哈頓，距家一個多小時車程，我根本管不了，與其他跟女朋友跑到公園約會，碰上搶匪，出了意外，還不如讓他在我的控制之下。所以我知道兒子有女朋友，就對他說：「你可以把女朋友帶回家，你們在樓上聊天，老爸老媽絕不去打擾，也會管好你妹妹，不讓她爬上去敲門。」

父母都得面對現實

請不要覺得我太開明，會把孩子帶壞。要知道哪個少女不懷春，哪個少男不鍾情？當孩子進入青春期，荷爾蒙開始作祟，愛情無孔不入，你是不容易管的。我在前面曾經提過，孩子情竇初開，你就要注意他放學之後有沒有直接回家，他會不會跟哪位同學特別接近？會不會交了年齡相差很大的朋友。避免孩子早戀好像保護堤防，必須滴水不漏，只要有一點滲水，就立刻堵上。

我不是鼓勵早戀，而是面對現實，在談這個題目之前，我曾經很慎重地在微博、微信和頭條上做過民調，發現上來的父母多半有早戀的經驗，也並不極力反對孩子早戀，甚至有人說：「孩子沒談的別談，已經談的別斷。」為什麼別斷？因為斷了傷心，更會影響學業。

這就是現實！如果你沒能防止孩子早戀，與其造成衝突，不如把圍堵改為疏導，尤其是當孩子交了年齡相差很大的朋友，因為價值觀和人生經驗差距太大，你更要深入了解，以免造成大的傷害。

道高一尺 魔高一丈

為什麼在西方社會，對「早戀」採取比較開明的態度，他們的孩子功課很少一落千丈，照樣上大學、進入社會，談戀愛、娶妻生子，咱們東方孩子難道比西方孩子差嗎？青春期的孩子特別叛逆，會不會正因為大人管得嚴，甚至管得不合理，反而把「美事」變成「醜事」，把應該正大光明的搞得偷偷摸摸？

記得我在臺北做青少年諮商的時候，有個女生拿她的日記給我看，厚厚一本，裡面撕掉了一半。女生說因為發現她爸爸偷看她日記，一氣之下就把前面寫好的都撕掉了。我問她：「妳爸爸就不再偷看了？」女生一笑說：「他還偷看，但是我改成寫兩本日記，一本給他偷看，一本我自己藏著。我還可以用這方法調虎離山，譬如有一次在給他偷看的那本裡寫要跟男生去哪裡約會。到時候我回家，他們都不見了，很晚才像打敗仗似地回來，進門看到我還嚇一跳，我問他們去哪兒了，他們支支吾吾說去應酬了。應酬穿這麼隨便？還有，為什麼他們身上被蚊子叮了那麼多包？」

我當時問這叛逆的高中女生：「看樣子妳花了不少心思，用了不少時間，來應付你爸爸媽媽，對不對？」

女生說是，為了跟男生偷偷打電話，又怕爸媽隨時推門進來，總得豎著耳朵注意外面的腳步聲，隨時做出反應，一晚上書沒念進幾行，卻不知嚇死多少細胞。跟男生的話沒說完，還要耗著，拖到很晚，老爸老媽受不了，去睡了，再跟男生通電話。

因為圍堵所以氾濫

她一邊說，我一邊想，她能專心念書嗎？功課能不一落千丈嗎？她的睡眠不足，能不影響健康嗎？相對的，如果她的父母知道女兒交了男朋友，那男生又不錯，讓他們正常交往，說不定還能認定目標，彼此激勵，拚上好大學呢！

我在前面課程裡說過，孩子讀書很有彈性，當你一刻不停盯著他的時候，他可能裝作用功的樣子，其實心不在焉。當他真專心起來，很短的時間也能讀進不少東西。舉個例子：

我也曾在兒子的高中時代，為了他跟女生打電話，幾小時說個沒完而冒火，當時因為怕打擾到他念書，我把電視聲音開得非常小，小到我得學「讀唇術」了，但是經過他房間，卻發現他在打電話，而且整晚都在打電話，換作哪個父母都會生氣吧！

但是後來我想通了。是兒子一句話讓我想通了，他說如果他整晚都打電話，成績出來還是全A，也沒透支睡眠，我何必管？相反的，如果他不打電話，卻有一堆話想說，老惦記著那女生，結果不能專心讀書，成績摔了下去，又如何？

所以後來我再也不管他，只講：「你交女朋友，沒問題！只要你的功課不受影響，你的健康不受影響，你的心情不受影響，你變得更樂觀積極，對父母也更有禮貌！你儘管交女朋友！對了！還有你和你女朋友要知道自我保護。」

別懷孕別染病

談到自我保護，相信你會懂我的意思。請不要覺得我放縱孩子，太自由派。要知道這個時代不一樣了，孩子上網接觸的東西太多，成熟期提前了，很多事情是你堵不住的。既然圍堵不管用，只好用疏導。

連美國員警對付「毒蟲」都是兩面並進，一方面他們極力抓毒販，一方面會去毒蟲出沒的地區發放一次性的針筒，為什麼？因為他們知道抓捕的能力有限，為了避免毒蟲們注射毒品的時候，許多人共用一支針筒，造成愛滋病的感染，乾脆提供大量的免費針筒。

同樣的，當你不能確定孩子有沒有早戀，或是有早戀，你管不住的時候，你也要教他們自我保護。女兒最好由媽媽教，兒子最好由爸爸教，學校老師也要教。這種事必須一教再教，像念經一樣說到孩子的心裡去。好比上網，不確定安全的東西，千萬別碰、別打開，以免中毒。為了避免後患、避免疾病的感染，每個孩子都得把握原則、絕不妥協，嚴格把守那一關。

什麼材料的心扉都可愛

最後讓我念一段我早年在《螢窗小語》裡寫的〈心扉〉：

「假使心有扉，這心扉必是隨著年齡而更換的。十幾歲的心扉是玻璃的，脆弱而且透明，雖然關著，但是裡面的人不斷向外張望，外面的人也能窺視門內。

二十幾歲的心扉是木頭的，材料講究，而且雕飾漂亮，雖然裡外隔絕，但只要愛情的火焰，就能將之燒穿。

三十幾歲的心扉是防火的鐵門，冷硬而結實，雖然熱情的火不易燒開，柔情的水卻能滲透。

四十幾歲的心扉是保險箱的鋼門，重逾千斤且密不透風，既耐得住火燒，也不怕水浸，只有知道那密碼，備有鑰匙的人，或了不得的神偷才能打開。」

你有愛的能力嗎？

羅密歐和茱麗葉戀愛的時候，不過十四、五歲；林黛玉和賈寶玉在一起的時候，也不過十五、六歲。

「早戀」雖然早，但既然戀，就是一種愛，雖然十六、七歲孩子的愛情，在四、五十歲父母的眼裡不夠成熟，即使早戀的那個孩子，十幾或者幾十年後回頭看那段早戀，也可能覺得幼稚。但如同我寫的〈心扉〉，每個年齡都不一樣，鋼和鐵的心扉，不必否定玻璃和木頭的心扉，那畢竟是生命中的腳印。所以，如果你的孩子早戀了，不必一口否定他的感情，以免引起他的反感。因為對他來說，那個早戀也是戀，甚至因為是初戀而更刻骨銘心。你可以對孩子說：「爸爸媽媽年輕的時候，也有過這樣浪漫心動的時刻，但是如果因為早戀，讓你的功課一落千丈、睡眠不足、心情不穩，而且對父母的態度不好，你就得檢討了。還有，當你去愛別人的時候，有沒有好好愛自己？愛家人？只有當你能好好照顧自己、關懷家人之後，才有條件去愛別人、談戀愛。」

第38堂

談用時間的方法

一石總要二鳥，一魚最好兩吃

常聽家長抱怨，孩子剛進小學的時候，都考前三名，愈到高年級，愈往下掉。再不然說孩子初中表現都不錯，可是高中就完蛋了，成績一落千丈。如果問那些家長，是因為孩子愈來愈不用功嗎？答案非但不是，反而可能是愈來愈拚命，成績還一路往下溜。

為什麼小學時名列前茅，中學時只能殿後

其實這道理很簡單，主要是因為時間的差異。那些剛進小學名列前茅的孩子，八成家長都比較注意孩子學習的情況。雖然才小學，已經盯著做功課，甚至帶著複習。如果別家的孩子每天花一個小時，你家孩子花兩個小時，甚至三個小時，你孩子能不比別人強嗎？

上初中就不同了，那時候功課比較重，大家都花不少時間，當別家孩子每天花三個小時，你孩子花四個小時，如果資質差不多，你孩子還可能比別人強一點。

問題是高中功課更重了，當別人的孩子每天花五個小時，你孩子能花六個小時、七個小時嗎？如果你孩子也花五個小時，差異可能就出來了。

所以孩子在你的強力督促下，小學名列前茅不難，如果他小學比別人用功的時間多得多，成績比別家孩子好，是應該的！只有到中學，尤其是高中之後，進同一所學校的程度差不多，大家都傾全力拚功課的時候，每天花在學業上的時間一樣多，才能比得出高下。

每個人的時間都一樣，再拚命也不能不要命，當時間已經用到極限，其中的差異就是資質和用時間的方法了。

資質是天生不公平的，人家孩子會讀書，沒話說。

所幸時間是公平的，每個人一天二十四小時，都一樣！你孩子要想在同樣條件下比別人強，常常就看他會不會用時間了。會用的，一分鐘能當五分鐘用，不會用時間的，五分鐘還沒有一分鐘的效果。

很簡單！你看打籃球就知道，如果離終場只剩一分鐘，兩隊會怎麼使用？落後的一隊會用多少手段？故意犯規、罰球、抄球，而且把握最後兩秒遠射！搞不好落後的那一隊，硬是扭轉情勢，贏了！

時間一樣，時間效用可以大不相同！

了解了這一點，你必須從孩子小時候，就教他用時間的方法。這可能影響他一生，絕大多數的成功者，都因為他們會用時間。

首先你要教他用時間的「優先順序」，什麼事先做？什麼事後做？

一、分清楚安靜的時間和喧譁的時間

先看客觀條件，譬如剛吃完飯，家人都在看電視，吵得很，他又剛吃飽，血液都去消化

了，頭腦不怎麼好用。這時候他可以玩一玩、聊聊天，或者上上網。然後比較安靜了，因為時間還早，精神也還好，他可以做數理的功課。再晚一點，他可以寫作文，做語文功課。

夜深了，他可以用來背書。各種研究都顯示，睡覺之前背的東西，因為接下來沒什麼打擾，進入夢鄉之後，還能利用「快速動眼期」（REM）加深記憶。常常睡前背的即使還不熟，第二天一早，精神特好的時候，也能大概想起來，那時候再念兩遍，就記得更牢了。相對的，你能讓孩子在家裡很吵的時候背書嗎？你又能要他在有睡意的時候做數學嗎？當孩子還小，不懂得安排時間的時候，你可以教他把功課全部列出來，然後為他分析，哪樣先做！哪樣後做！使他養成把握時間順序的習慣和能力。

二、認清完整的時間和破碎的時間

如果孩子放長假，你先要看他有哪些假期作業。如果這中間要帶他出去旅遊，哪些功課應該在家做，譬如寫研究報告，你可以叫他早早就整理資料，用完整的時間完成。至於旅遊的時候，你也可以教孩子利用破碎的時間，譬如在機場候機室，只要有一點時間空出來，就能做些比較簡單的功課。相對的，你總不會要他在旅行的時候寫大的報告，又利用在家的時間做細碎的功課吧！

從孩子小時候，就教他利用破碎的時間，有非常多的好處。譬如在候機室，與其讓他坐立不安、跑來跑去，不如要他靜下心來做點「正事」。這種訓練可以讓孩子在「動」與「靜」之間穿梭，也可以說，讓他學會如何在盡情玩耍之後，立刻靜下心來。

如果你孩子從小就懂得把「無聊的每一分鐘」，變成有用的，幾乎可以確定，他將來會有成就。因為「靜若處子，動如脫兔」，是了不得的本事。了解了這一點，就算孩子沒什麼功課要做，你也可以準備一點，就算叫他看看故事書都好，藉機會訓練孩子自制的能力。

三、教孩子一時兩用

在今天這個時代，愈是懂得一時兩用，甚至一時三用的人愈容易成功。事實上，我們已經總在一時兩用，舉個例子，你一邊走路，一邊掛著耳機打手機，是不是路也走了，電話也打了。你一邊在健身房走跑步機，一邊看電視，結果電視看了，跑步機也走了，而且感覺起來跑得更輕鬆。你還能一邊開車、一邊聽有聲書、聽廣播，很多人知識淵博，不都是這麼聽來的嗎？

所以從孩子很小，就要教他一時兩用。你可以跟他一邊等公車，一邊討論學校的事。你也可以教他帶著生字本，一邊等車一邊背生字。回到家，一邊看電視、一邊練瑜珈。甚至在生活上也能一時多用，譬如一邊放洗澡水、一邊刷牙、一邊聽廣播、滑手機，不是比別人快了好幾倍嗎？你甚至要從很小的事情上，教孩子省時間，譬如他要把喝完牛奶的杯子拿去廚房洗，又要把吃完的果皮拿去廚房扔，就不必分兩次進廚房。如果水果還沒吃完，他可以把杯子先留在那兒，等水果吃完，再一起拿去。

你千萬別覺得這是小事，要知道，孩子如果從小就懂得什麼是「順路」，將來就能在別人跑三趟的時候，他一次就把事辦完。覺得時間總不夠用的人，多半因為他們用時間的方法太「單向」。許多在辦公室裡跑進跑出，看來忙得要死的人，不是特別忙，而是特別亂。他能夠為辦每件事出一趟門，卻不懂得出一趟門，辦幾件事。

連烹飪都能顯示用時間的能耐。有的人切的時候不能煮，煮的時候不能炒，必須一樣燒好，才能去燒另一樣。有些人卻能在同一時間燒好幾樣菜，這邊才扔下鍋，立刻轉身做另一樣。前者多花好幾倍的時間，端出的菜還多半涼了。後者不但省時間，而且能算好時間一起上桌。

什麼叫「一石二鳥」、「一魚兩吃」？就是把一件事物，做多重的發揮。我曾經問一位雙主修的研究生，他怎麼應付那麼多功課，還看起來很輕鬆的樣子。研究生說：簡單哪！譬如我修「中國研究」和「日本研究」兩門課，我寫的論文是「中國與日本××的比較」，不是一魚兩吃，可以應付兩門課的研究報告嗎？

我也一樣，很多人問我為什麼既能寫作，又能畫畫，還能四處演講。我說一魚三吃啊！

出去演講的時候，順便旅遊；旅遊的時候在景點寫生，再回去寫遊記。文章寫完，我可以為文章配圖；新書出版，又可以用書裡的內容去演講。

從這條路想，你孩子是不是現在就有些功課可以「一魚兩吃」了？譬如把某一份報告，稍稍放大，拿去參加比賽？把平常用手機拍攝的短片，剪接成有意思的東西，拿去參加展覽？他的腦袋愈活，愈能事半功倍，花別人同樣的時間，創造雙倍的效果。這種本事，從小就要培養。

四、用金錢換取時間

當你聽我說用金錢換取時間的時候，千萬別講你沒錢，所以辦不到。要知道用錢買時間，常常花不了多少錢，而且是很賺的，因為「寸金難買寸光陰」，錢有價，時間無價，單單以「有價」換「無價」就是賺。舉個例子，你孩子很糊塗，常常找不到筆，為了找一支筆，能東翻西翻浪費不少時間。很簡單！你多為他買幾支筆，每個抽屜都放一支，是不是就好找了？而且筆遲早要用，早買晚買差不多，何必讓他浪費時間呢？

我女兒小時候，我就用這方法帶她。發現她現在比我的算盤還精，舉個例子，她常在世界各地飛來飛去，但是沒時間上網找比較划算的機票，她就花錢請專人為她上網找。我說：「妳太大牌了吧！請人不花錢嗎？」她說：「當然花錢，每次五十塊美金，但是可能省下兩三百塊，既省下我自己上網找的時間，還為別人製造工作機會，是吃虧還是划算？」

這不再是個死心眼的時代。「省吃儉用」當然可以致富，問題是，好比有車你不坐車，用走路來省車錢，你可能賠上了時間跟體力。你買一樣小東西，四處打聽，找到批發商，再親自跑去，雖然比你跟零售商買，省下一點錢，卻可能浪費你寶貴的時間。

時間就是金錢！你要從孩子很小的時候就教育他，把握每一分鐘。當時間緊迫，只要可以用金錢換取時間，花得起，也划得來，就花。因為他省下的時間，會為他帶來更多的金錢。同樣的，他今天浪費每一分鐘，都等於浪費金錢！

五、用空間換取時間

舉個例子，當我接受學校邀請，晚上七點鐘去演講。為了避開下班時間的交通擁擠，我會早早就到學校附近，找家餐館坐下，喝咖啡、吃晚餐、上網、打電話，一樣也沒少做。看看演講的時間接近，走出門就到了學校。相對的，如果我硬在下班時間趕去，路上的時間多花好幾倍，搞不好塞車，遲到。再不然早到了，又得跟主辦單位的人寒暄，消耗不少精神，這中間差多遠哪！

時代不一樣了，以前你去咖啡店就是喝咖啡聊天，後來有了手機，可以在裡面打電話聯絡事情，網路普遍之後，那裡根本可以當你的辦公室。說不定還能一邊應酬、一邊招呼朋友、一邊辦公，增加了許多接觸面，撞擊出很多靈感的火花。

六、用捨棄的方法換取時間

一個人的精力有限、時間有限、生命有限，不可能佔有每一樣東西。你要告訴孩子，尤其是完美主義的孩子，好比船隻遇到危險的時候，得把不必要的東西拋棄。當他的功課太多，實在做不了，就不要想樣樣拿滿分。當考試題目很多的時候，不會的，想都別想，立刻跳過，先做會的。

在人生的旅途，捨不得扔掉包袱的，很難跑在前面，也就很難佔得先機。「捨得！捨得！」他必須勇於捨棄，才能得到更多。

第39堂

談孩子後青春期的親子關係

你準備好第二次斷奶了嗎？

每個人的一生都有兩個快速的成長期，一個是從出生到兩、三歲，你想想孩子剛生下來的時候，才多大一點？像小貓似的！但是「一暝大一寸」，兩年下來，他們已經能跑能說，長到將近出生時的兩倍高。

另一個快速成長的時候是青春期，這個階段孩子生長的速度會加倍，女生大約從十一歲開始，男生從十三歲開始，在短短兩年當中，女孩可以長高近二十公分，男孩當然長得更多，所以常聽人說一個暑假不見，再開學的時候，好多孩子都讓人看到嚇一跳。

兩歲小惡魔

妙的是，也就在孩子快速長大的這個時候，他們特別叛逆。兩歲的小娃，突然從小天使變成小惡魔，英語還有個專門形容這時期孩子的詞，叫evil two或者The terrible twos。到了兩歲左右，那小寶寶突然有了一堆他自己的意見。以前你說什麼，他都同意，兩歲小惡魔卻常跟大人唱反調。據研究那是因為他們的心智已經長得很不錯，可是行動跟不上，雖然會說話了，表達還是常有困難，這兩個不能同步，就造成小鬼好像總有主見，愛跟大人作對。過兩年，他們表達的能力強了，就不再那麼愛作怪。

第一次斷奶要革命

青春期也一樣，前面分析了一堆，孩子因為身體已經長得跟成人差不多，似乎能出去獨立了，但是心智上不夠成熟，生活上也離不開父母，加上荷爾蒙作怪，孩子在這個時候也特別叛逆、特別有主見，有時候為反對而反對，硬是跟你唱反調。

這兩個天使變惡魔的階段，除了是他們長得特別快的階段，還有一點相似，就是他們都到了斷奶的時候。

餵奶能餵到幾歲，沒有定論，據研究即使餵到四歲，都不算太晚。但是大多數的父母，在孩子一歲多、兩歲的時候都會給孩子斷奶，一個是認為母乳餵到這時候，營養已經不夠，孩子該吃點實在的食物了。一個是媽媽需要自由，不能總綁在孩子身邊。有些媽媽為了斷奶，甚至在乳頭上擦苦的辣的，讓小孩受不了，而不再吸奶。

第二次斷奶大不同

至於第二次斷奶，不是真的不再吸乳汁，而是離開對媽媽的依附。是啊！十七、八歲了，孩子要上大學了，要去住校了，甚至交了異性朋友，還能一天到晚黏著媽媽嗎？當然不行！孩子得成長、得進入社會、得獨當一面，他必須第二次的斷奶。

問題是這次新的斷奶就不像兩歲那麼簡單了。有些孩子從小到大都是茶來伸手、飯來張口，連煮壺水都不知道什麼時候是開了，甚至洗衣機都不會用。

怪不得好多家長，孩子進大學，還是跟在孩子身邊。我以前在電視上就看過北大清華到了新生報到那天，好多父母背著行李，沒地方睡，甚至睡在校園裡。這兩年也看見報導，有些孩子進宿舍，父母早把網路裝好，把冰箱電視插上了。這些不夠，有些爸媽怕孩子不適應，甚至在學校旁邊租房子，照樣給孩子洗衣服，做小鍋飯。

我不說這樣對不對，因為我見過有些在美國的華人父母也這麼做，甚至為孩子繼續請家教、陪讀，硬是讓孩子從常春藤名校畢業。

嬌生慣養的孩子危險哪！

但是我也見過一些悲劇，譬如我四十年前剛到美國的時候，就聽說有中國留學生去餐館打工，廚師叫他把油鍋端過來，他沒戴手套就去端，端起來才發現那是滿滿一鍋鼎沸的油，鬆手一定會打在身上，只好硬撐著把油鍋慢慢放下，兩隻手都受到嚴重的灼傷，立刻送去了醫院。

另外一個是為我裝修的工頭說的，一位新來的留學生，跟著他打工，他叫留學生拿石膏板，一般工人一次能拿兩塊，那學生只拿一塊，還因為使力的方法不對，扭傷了腰椎，不得不放棄工作，回家靜養。

如果這是你孩子，你傷心不傷心？如果你在家嬌生慣養的孩子，突然要斷奶，自己出去闖天下了，你放不放心？

通過他的胃，抓住他的心

假使你會不放心，你應該怎麼做？像有些父母搬到學校旁邊繼續幫他打理一切？還是你應該平時就教他？最起碼怎麼用洗衣機、烘乾機、怎麼開爐子、關爐子，你得教吧！信不信，好多孩子上大學了，還不會開瓦斯爐呢？打火的時候，答答答一響，就緊張得要命，結果火沒打著，瓦斯卻冒出來了。多危險！

管他是男生女生，基本的烹飪也得會吧！我兒子上大學的時候，每次打電話回家，我太太還沒接，就會說：「八成哪樣菜不會做，要問老媽了！」可見就算是男生，在家也該學學燒飯。這可重要了！我知道好幾對在大學談戀愛，後來結婚的，都是男生在宿舍做飯給女生吃，通過女生的胃，抓住女生的心。

了解了這一點，當你的孩子要進大學了，就算在準備學測的期間他沒時間學家事，考取之後，你也得利用入學前的那段時間，把基本的家事教給他。應該這麼說，更好的教養是從孩子小時候，就叫他參與做家事。何況跟大人一起工作，能增加孩子的向心力，和親子之間的感情，讓他覺得家不只是父母的，也是他的。

如果你讀過我寫的《超越自己》、《創造自己》、《肯定自己》，可以看到當劉軒上高中的時候，儘管功課忙，他還是得幫我修水龍頭、清理屋頂的「天溝」，耕地種菜、搭架子種黃瓜番茄。我在書裡說，你要教孩子怎麼吃整隻「龍蝦」，也要教他修理「龍頭」。如果龍頭是他幫忙修的，有一天又漏水的時候，孩子會放在心上，說：「為什麼我才修好的龍頭又漏水了？」而不是毫無感覺，認為那是父母的事。

家是你的，老人也是你的責任

在中國大陸，雖然近幾年開放了二胎，大部分家庭還是只有一個孩子。表示那個家裡的產業，將來八成是這孩子要繼承的，也表示把他帶大的爸爸媽媽，甚至更上一代，有一天可能需要他的照顧。在這樣的家庭，你能不讓孩子從小就有心理準備嗎？你又能不常常教他飲水思源和感恩嗎？

我曾經在大陸上電視節目，一個男孩說：「我爸我媽要我好好讀書，進好大學，將來才能買大房子，才能有錢。可是，他們就我這一個孩子，將來房子給我，夠大了！他們也很有錢，只要他們現在省著點花，將來我還怕沒錢嗎？」

還有個孩子理直氣壯地說，他將來除了養他爸爸媽媽，搞不好還得養爺爺奶奶、姥姥姥爺，這麼多人，他可辦不到。

聽到這些，你能不心驚嗎？我們的教育又能不檢討嗎？

我曾經寫文章說，現在東方孩子接受了西式教育，他們既希望有東方式父母的寵愛，又希望有西方孩子的自由。進入社會之後，他們既希望服務的單位給他們日本式的員工照顧，又希望有美國員工的自由，卻沒有日本員工對公司的忠誠，和美國員工的自主學習。

親子間要有權利與義務的默契

當孩子要西方式的自由，就當然要有西方式的自動。當他要爸媽和老一輩的寵愛，就要早早在心理上建立起未來對家庭的責任。一邊是享權利，一邊是盡義務，這是每個孩子在第二次斷奶、離開父母身邊之前，都要有的心理準備。也可以說，那是親子之間應有的默契。

沒有了這個默契，你的孩子成績再好、進再好的學校，你們的親子教育都不能算是非常成功。在華人社會，孝道是非常重要的。

面對第二次的斷奶，有些孩子會像小時候斷奶一樣，不願接受。一種可能是他離不開家，於是在附近找個大學上。畢業之後也留在父母身邊，甚至進父母的單位工作。這沒什麼錯，挺好！但是也有些孩子在錄取大學，知道將離開家的時候，非但不會依依不捨，反而躲著父母，因為他們不敢面對分離。還有些孩子既然到遠處去上大學，走出去，就好像風箏斷了線，很少回家。不是他不愛這個生他養他的家，常常是因為他在回家團聚的時候，已經害怕別離。也可能怕被問東問西，受不了爸媽關心帶來的壓力。還有些孩子不敢面對父母老去的現實，而選擇了逃避。

這些都是你要知道的，除了早早為自己的老年做規劃，更要叮囑自己，孩子大了，你的不放心會讓他們覺得不被信任，你過度的關心，會造成孩子的壓力。你更要知道的是：

今天捨不得第二次斷奶的，不一定是你孩子，也可能是你自己。

是失落還是獲得？

回頭想想，從撕裂的疼痛中把孩子生下，一口口把他餵大，抱著、搖著、牽著走向學校。再送上學、接下學，早起晚睡，提心吊膽，終於把孩子在手心裡捧大，大到比父母高出半個頭。

從他小時候，你輕輕哼搖籃曲，大一點你呼前喚後地帶他玩耍，再大一點你大呼小叫地要他用功，再到青春期把你氣得七竅生煙地怒吼。

突然間放榜了，這孩子居然要離開家了。家裡一下子安靜了，靜得讓你心慌。

他兩歲時第一次斷奶，你是年輕漂亮的媽媽，現在第二次斷奶，你的頭上已經有了霜白。

第一次斷奶的時候，你還生龍活虎，只怕常怨那小鬼把你拴住，害你不能出去玩。第二次斷奶，你已將近半百，搞不好都到了更年期。

你會不會不能接受孩子將要離開的現實？你會不會一邊為他準備行囊，一邊偷偷掉眼淚？

每個父母，就算你的孩子還小，都要知道這一天必定會來到。所以如我前面講的，你要早早教他出去之後必要的生活知識、教他對家的責任，更要告訴自己，這次孩子斷奶之後，你除了失落，也會獲得，你們親子都會迎來另一個階段，不一樣的人生。

第40堂

結語

每個孩子都該被肯定

最近在網上看到兩則留言，讓我很有感觸。其中一個是中學生的抱怨，他說他每天早上七點半到校，五點半放學，十一點半才能睡覺，這樣的日子要持續十二年耶！怎麼受得了？

另一則是位大學老師的感歎，他說現在的學生都很會考試，一個個以高分考進來，但是當老師講故事給他們聽的時候，換作早年的孩子都會很感動，甚至掉眼淚，現在的孩子卻常常無動於衷。

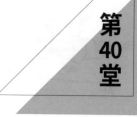

除了眼和手其他都退化

這使我想起多年前到一所有名的高中演講，那裡的老師得意地對我說，到了高三，他們學校會把孩子送到特別在山邊蓋的房子，在那兒住、在那吃、在那兒拚命讀書，加上那裡前不著村、後不著店，不准跟外面聯絡，孩子不會分心，所以大多數的畢業生都能考取頂尖大學。

但是當我跟一位回校聽我演講的學生聊天，那學生卻抱怨，他們每天只用眼睛看書，用手拿筆寫字，幾乎沒有老師講課，同學也不太聊天，所以很少用耳朵，加上沒有體育課，兩條腿很少動。除了會考試，只怕很多地方都退化了，連感覺都退化了，好像對什麼事都變得麻木。

今天是最後一堂課。讓我們回頭想想過去三十九堂，從寶寶誕生，要吃奶、要撫摸、要抱著拍拍搖搖、要輕輕對寶寶說話，要給寶寶安全感，建立良好的依附關係，甚至在寶寶睡著的時候，都輕輕為他唱歌，告訴他爸爸媽媽的愛。大一點教他畫畫，讓他感覺這世界的美；教寶寶音樂，要他懂得欣賞宇宙間的各種聲音，就算跑跑跳跳，都可以創造美麗的節奏。哪一樣不是讓他們感動的？

我們給孩子說故事，讓他們發揮自己的想像；我們帶孩子跳舞，讓他們用身體表達情感。我們教孩子讀書，欣賞文學的意境；我們教孩子用視覺引導，以拍電影的方式寫作文。用圖片說明回想，用諧音幫助記憶，也教孩子用餐的時候感恩，擔任義工來關懷弱勢。哪一樣不是美好的？

從頭到尾，我雖然也提到避免孩子撒謊、責罵體罰的問題，以及要孩子遵守餐桌的禮貌和交通規則。但是無論多麼嚴格，到後來都是以愛心來引導孩子。

所以當我看到網上那兩段學生和老師的留言，想到那在山邊教室裡苦學的學生說的話，很有感觸，也很感傷。

人不能失去感動的能力

如果我們的孩子成功了，卻失去了感動的能力，這成功能算是真正成功嗎？問題是當父母強力造就孩子的同時，會不會也扼殺了他們學習的熱忱，讓他們失去了感動的能力？

想想，多少孩子小小年紀就被父母逼著去學琴，一級一級考檢定，一次一次在親朋好友前面表演：「瞧！我孩子是不是很有音樂才分？」

問題是，當孩子上初中之後，為什麼多半都不再彈鋼琴？音樂不再可愛了嗎？他不再是父母可以炫耀的小天才了嗎？孩子心裡會怎麼想？更糟糕的是，學了好多年的琴被蓋上了，幾乎不再打開。有時候你叫孩子彈一曲，只彈最簡單的〈生日快樂〉，或者〈甜蜜的家庭〉，孩子都不願意。為什麼？因為他忘了嗎？如果他忘了，過去幾年的工夫白費了嗎？如果他沒忘，他為什麼拒絕再打開琴蓋？他是怕彈不好被人笑、被你罵嗎？彈琴不是很美好的事情嗎？音樂多美啊！孩子為什麼一下子好像完全沒了興趣。更可怕的是，他會不會一輩子失去興趣，只因為童年學琴的記憶並不美好。

為什麼每個寶寶都喜歡看故事書？為什麼剛開學時拿到全新的課本，孩子翻一翻，都覺得很有意思。又為什麼開學之後，課本就變得不怎麼可愛？當一個孩子從小到大，讀一堆一堆的書，讀得昏天黑地，終於學測完畢，進入大學之後，那些書常被他毫不留戀地扔掉。這還不打緊，當讀書給他留下的記憶都是考試、都是熬夜、都是死背、都是冰冷冷的數字和人名，會不會讓他內心排斥，這輩子不再愛讀書？

我們教孩子學琴，是為了讓他們不愛音樂嗎？叮囑孩子「好好讀書！」是為了讓他們有一天不必再讀書嗎？我們從小用愛心栽培他們，是希望有一天他們變得麻木，失去感動的能力嗎？

一技在身能用幾年？

我在前面說過，今天不再是「家有萬貫不如一技在身」的時代，也不再是「十年寒窗無人問，一舉成名天下知」的時代。以前的人壽命才多少？退回一百年前，男人的平均壽命才四十多。古時候，一個人讀了書，中了舉，又能工作幾年？再看看今天，已經有些國家計畫把退休年齡延到七十歲。四十跟七十，這當中有多大的差距啊！舊時代的知識能跟今天比嗎？今天大學畢業生，二十多歲學的那一點專業知識，如果不繼續充實，能讓他「照方抓藥」，用幾十年嗎？

過去讀書，要博學強記，記憶力好的孩子，特別容易出頭。過去當個作家，搜集材料非常重要，愈能掉書袋，愈能顯示淵博。過去你為了查一個資料，可能得在圖書館泡上半天；現在你按個鍵，成千上萬的資料已經排列在眼前。

今天要出頭，不再靠死背，而是比創意。問題是，死讀書，讀到已經感覺麻木的孩子能有創意嗎？

今天最好的大學，不再只是給你開一扇門，教你從那裡走，而是給你開很多窗，讓你往每個方向看，然後自己開出一扇門，走出去。在封閉環境長大的孩子，能有海闊天空的視野，自己開一扇門嗎？

你或許看過我寫的《超越自己》、《創造自己》、《肯定自己》，我早年的靈感是得自德國的大哲學家尼采的「精神的三變」：也就是「駱駝、獅子和嬰兒」。

我們起步時，要拚命學習，好像在沙漠中艱苦的駱駝。

進入社會，要拚命衝刺，好像曠野裡稱霸的獅子。

年老之後回歸到恬淡，如同襁褓中天真的嬰兒。

今天我仍然要說：「超越自己！創造自己！肯定自己！」但是因為時代不一樣了，人們的壽命加倍，科技日新月異！你的孩子可能活到一百二十歲。他用駱駝的精神，得到知識、得到學位。進入社會，像獅子一樣往前衝，但是世界變動太快，他可能突然發覺自己落伍了。問題是他還很年輕，能就這樣早早退休，成為嬰兒嗎？不！當然不！他必須重新進修，必要的話，他要再作學生、再作駱駝，再充實自己，他也可能轉換跑道，重新創業，再作獅子。

因為壽命的延長，科技的進步，你的孩子可能在未來的人生中，要一而三，甚至再而三地由駱駝成為獅子，由獅子成為嬰兒。如果他不能具備終身學習的態度，他未來能夠過得好嗎？就算他眼前成功了，進入理想的學校，在未來漫長的歲月，你能保證他成功嗎？

人生像長跑，沒有人能說前面一百米落後的孩子，五百米以後還是落後。就算你的孩子在眼前這個階段不如人，只要他自己知道學習，將來還是可能成功。

他的生命多長啊！他的機會太多了！

別讓孩子輸在人生的終點

如果你讓他從小因為被逼著學琴而不再愛音樂，因為死讀書，而不再愛讀書，他未來的人生怎麼美好？如果你為了讓他贏在起跑點，太早逼他學習，睡眠不足、運動不足、心情鬱悶，他怎能擁有健康的老年？他是可能贏在起跑點，卻可能輸在終點。他還可能因為失去了美好的感覺，而一輩子過得庸俗，也可能因為痛恨讀書、不愛進修，而被社會早早淘汰。

天生我材必有用，每個孩子都能成功

俗話說得好：「活到老、學到老！」除了學到老，還應該「快樂到老」！

俗話也說得好：「天生我材必有用。」我在前面的課程再三強調，每個人天生不一樣，有視覺型、有聽覺型、有觸覺型、早熟型、慢熱型。就算老師因為學生太多，沒辦法發現你孩子的長處，你也要自己發現。你生的，你不懂，誰懂？你不肯定，誰肯定？你可以不欣賞他，但是不能否定他！即使你對他失望極了，也要在心裡對自己說：相信有一天他會令人刮目相看！

《劉墉談親子教育的四十堂課》從寶寶出生、幼兒期、學前期、少年期、青春期，一路下來，到這兒告一段落。這是我多年來一直想寫、一直想說的，也是在我許多勵志作品之中，

唯一專門講給父母，從全方面談親子教育的一門課。裡面沒有高深的理論，但有實用的方法；沒有虎媽狼爸的怒吼，但有寬容諒解的叮嚀。因為我從事教育半個世紀，發現最好的方法不是強勢的打罵，而是鍥而不捨的，愛的教育！尤其在今天這個時代，除了造就，更要發掘！

未來的世界充滿機會，孩子具備無限的潛力，請大家相信，只要找到適合孩子的道路，每個孩子都能健康快樂，而且成功地長大。

劉墉談親子教育的 40 堂課：斜槓教養，啟動孩子的多元力，直面網路世代的實戰與智慧 / 劉墉著 . -- 初版 . -- 新北市：臺灣商務，2019.06
336 面；17 x 23 公分
ISBN 978-957-05-3203-6(平裝)

1. 親職教育 2. 子女教育

528.2　　　　108004443

劉墉談親子教育的 40 堂課：

斜槓教養，啟動孩子的多元力，直面網路世代的實戰與智慧

作　　者一劉　墉
發 行 人一王春申
總 編 輯一李進文
編輯指導一林明昌
主　　編一張召儀
美術設計一張　巖
內頁排版一尚騰印刷事業有限公司

業務經理一陳英哲
行銷企劃一魏宏量、張傑凱
出版發行一臺灣商務印書館股份有限公司
23141 新北市新店區民權路 108-3 號 5 樓（同門市地址）
電話◎(02)8667-3712　傳真◎(02)8667-3709
讀者服務專線◎0800056196
郵撥◎0000165-1
E-mail ◎ ecptw@cptw.com.tw
網路書店網址◎www.cptw.com.tw
Facebook ◎ facebook.com.tw/ecptw

局版北市業字第 993 號
初版：2019 年 6 月
印刷：禹利電子分色有限公司
定價：新台幣 360 元
法律顧問一何一芃律師事務所

臺灣商務官網　　臉書專頁

※水雲齋官網：www.syzstudio.com